JE N'AI PAS CHOISI
DE PARTIR

JE N'AI PAS CHOISI DE PARTIR

Une histoire du Chemin Roxham

Préface de Pierre Nantel ancien député
fédéral de Longueuil – St-Hubert

Lovejoyce Amavi

Je n'ai pas choisi de partir – Une histoire du Chemin Roxham – bienvenue au Québec
© 2022, Lovejoyce Amavi
Tous les droits de reproduction, d'adaptation ou de traduction réservés pour tous pays.
www.lovejoyceamavi.com

Dépôt légal :
Bibliothèque et Archives nationales du Québec, 3ᵉ trimestre, 2022
Bibliothèque et Archives Canada, 3ᵉ trimestre, 2022
ISBN version imprimée : 978-2-9819873-0-3

Imprimé au Canada

Mise en pages : Émilie Côté
Photographie de couverture : Jacob Richemond
Idée originale de couverture : Lovejoyce Amavi

À ma mère
À mes filles
À toutes celles
Que j'aime de tout mon être

À la mer,
À l'amour
À la terre et au Ciel
À tous ceux qui m'ont vu naître

Et grandir...

« L'exil avec la richesse, c'est une patrie.
La pauvreté chez soi, c'est un exil »

Proverbe arabe

Préface

Lovejoyce Amavi. On ne peut pas le manquer. Sa fougue, ses réflexes, sa nature et son exubérance à peine retenue étonnent. Son dynamisme le porte du chemin Roxham à Longueuil où il s'implique rapidement à titre de bénévole dans deux organismes – phares de notre communauté longueuilloise.

«Je n'ai pas choisi de partir» : Lovejoyce Amavi détaille – sans tambour, ni trompette, ni violons – l'épopée de ces individus qui choisissent en l'absence d'autres options de quitter leurs pays, leurs familles. Au-delà de ses aptitudes de communicateur efficace, Lovejoyce démontre dans ces pages tout son talent de conteur, maniant ici une plume agile et authentique, racontant avec rythme et entrain son récit humanitaire. Une incursion dans le périple d'un migrant, contraint à quitter son pays tels les millions de demandeurs d'asile à la recherche d'une vie meilleure pour eux, pour leurs enfants, voire d'une vie tout simplement. C'est également l'histoire particulière de ces nouveaux Américains, en attente interminable d'adoption, qui – sous la menace de Donald Trump – préfèrent tenter de convaincre le Canada de les accueillir que de rebondir chez eux, dans un pays hostile et corrompu. Passionné par la communication et le marketing, Lovejoyce Amavi s'enrôle dès son arrivée à la Maison Le Réveil, d'abord en tant que bénévole, il monte les échelons jusqu'à devenir directeur adjoint. Si on ne peut plus se passer de lui où il travaille aujourd'hui, c'est qu'il s'est consacré afin de veiller au rayonnement de la cause des ainés. Partout où cet homme est passé, il a voulu communiquer, comprendre, agir et servir la communauté qui l'a accueilli. Lovejoyce se consacre à se rendre utile, nous rappelle que cette communauté qui l'accueille doit – pour survivre – pouvoir compter sur l'apport de chacun. Chacun d'entre nous. Une réalité particulièrement vraie à Longueuil, où plus du tiers des enfants vivent dans une famille sous le seuil de faible revenu, mais où le réseau des organismes communautaires fait toute la différence.

Longueuil, bastion nationaliste dans le comté légendaire de René Lévesque, où plus de la moitié des enfants fréquentant les écoles de la Commission scolaire Marie-Victorin sont issus de l'immigration. Un angle qu'à titre de député j'ai bien connu. Parce que contrairement à ce qu'on peut penser, les enjeux entourant le parcours de l'immigration sont loin, très loin d'être réglés. Bien qu'une personne se soit trouvé logement et emploi, sa situation peut demeurer précaire pendant de long mois, voire des années ! Et c'est sans compter les multiples sacrifices financiers, professionnels et familiaux ainsi que les démarches interminables qui s'ajoutent quand tout naturellement, on cherche à regrouper sa famille, voire simplement obtenir un visa visiteur pour un être cher afin qu'il puisse assister à un évènement important de la vie. Le parcours de l'immigration demande ainsi un immense courage. Un choix porté seul par le migrant au départ, mais qui nécessite échanges et partages réciproques avec la société d'accueil une fois ici afin que la personne ait le désir de s'enraciner et ainsi contribuer à notre essor économique, culturel et social. Parce que l'intégration nécessite l'inclusion par le pays hôte…

Accueillir les plus dynamiques de ce monde, qui choisissent de venir chez nous, c'est d'abord s'assurer qu'ils sont bienvenus partout ; dans toutes les régions et dans tous les domaines. C'est également de favoriser leur intégration socioprofessionnelle en reconnaissant leurs compétences et leurs diplômes à leur juste valeur afin qu'ils puissent contribuer au dynamisme de nos villes et villages. L'entente déterminante que représente l'immigration doit être respectée de part et d'autre ; de la promesse d'accueil à la participation active des nouveaux arrivants à l'essor de notre société.

S'intégrer au Québec, c'est pouvoir accéder à la francisation, à un système d'équivalences et de mises à niveau selon les normes d'ici aussi vite que possible et avec les ressources nécessaires. Parce que le Québec a besoin de ce sang neuf ; a besoin de ces gens venu de loin, qui veulent contribuer et enrichir notre société. Venus embrasser le projet du Québec… À ce titre d'ailleurs je demeure consterné de voir qu'encore aujourd'hui, les cérémonies de citoyenneté demeurent identiques partout au Canada. En ces périodes de quêtes identitaires, particulièrement vives ces derniers mois, il m'apparait inconcevable de voir nos nouveaux concitoyens prêter serment à la reine d'Angleterre, et ce, qu'ils soient à Brampton, Vancouver ou Québec et qu'en plus on leur demande de bien saisir la différence québécoise… C'est avec ce vide procédural en tête que j'ai proposé à la Chambre des communes la motion M246 qui vise à assouplir le processus de citoyenneté, permettant à l'Assemblée nationale d'adopter elle-même le libellé d'un serment additionnel, propre aux cérémonies québécoises.

«Je n'ai pas choisi de partir», s'avère un rappel éloquent de la richesse de l'immigration. C'est l'histoire d'une personne qui, d'un regard neuf, constate des faits, et parvient à combler un besoin de notre communauté par son dynamisme. Que l'auteur soit passé par le fameux Chemin Roxham ajoute une dimension encore plus fascinante, puisqu'elle vient jeter un œil à l'intérieur d'un phénomène qu'on connaît surtout de l'extérieur, qu'on voit d'abord à travers nos écrans. Un décor si familier en surface. Découvrir l'histoire personnelle d'un de ses protagonistes a de quoi déstabiliser. Notre perception du phénomène peut s'approfondir au-delà des images spectaculaires que nous proposent nos médias. Qui n'a pas entendu parler en 2017 de l'arrivée improbable de ces migrants, largement en provenance de villes américaines traversant – avec valise à roulettes et progéniture – un petit fossé sur la frontière ? Si Lovejoyce Amavi vient nous apprendre l'histoire derrière ce migrant qu'il était, il vient aussi nous rappeler toute l'humanité et la beauté de l'entraide bienveillante entre les individus de cette terre… lui qui a largement rendu à sa société d'accueil tout ce qu'il a pu recevoir. Comme le disent tant de bénévoles qui tissent la trame communautaire de Longueuil : s'impliquer n'a pas vraiment de mérite… On reçoit toujours tellement plus que l'on donne…

Pierre Nantel

Ancien député fédéral de Longueuil – Saint-Hubert

Prologue

Combien de livres et de romans ont été écrits sur l'exil et les parcours migratoires? Combien de sonnettes d'alarme ont été tirées pour expliquer, sensibiliser et mobiliser à propos des drames que suscitent ces déplacements de foules d'un territoire à l'autre? Tellement de théories ont été avancées, tellement de documents et de données existent; et combien de solutions ont été mises en place pour atténuer, juguler, contrer? Et pourtant, nombreux sont ceux qui encore et chaque jour arpentent des voies difficiles pour partir de là où ils vivent; et combien sont-ils à y penser, à échafauder des plans pour partir?

De l'extérieur de ces vies instables et insatisfaites sur les territoires où elles sont, c'est facile de juger, de se faire un avis, parfois même condescendant; une attitude si facile à avoir dans les médias, sur les blogs, les réseaux sociaux et dans des discussions mondaines, où les gens sont plus souvent dans la représentation que dans l'être. C'est l'hypocrisie collective qui veut ça.

Je n'ai jamais pensé partir. Voyager sûrement, mais ne pas partir; aussi définitivement. C'est à l'expérience de l'exil que j'ai compris de l'intérieur. Que j'ai compris pourquoi partir peut s'imposer à soi de façon si brutale, qu'on n'a d'autre choix que de tout abandonner, abandonner toutes formes de certitudes pour se laisser aller à l'espoir. C'est un appel si puissant qu'on ne sait pas dire non ; peu importe si les risques sont grands, au point même d'en mourir. Combien sont morts d'ailleurs ; à la recherche d'une vie meilleure ; poussés hors de chez eux par des situations dont souvent d'autres sont la cause. Combien ont bravé les océans, les déserts, les forêts, les sentiers tortueux ? Combien ont eu faim, soif ? Combien sont tombés à genoux de fatigue ? Déjà à genoux dans leurs vies, ils ont réussi à rassembler leurs forces pour se lever et partir, contre vents et marées.

Ce matin-là, je me suis réveillé avec cette indication que j'ai répétée dans mon rêve sans cesse. Mes lèvres bougeaient encore quand j'ai ouvert les yeux : « Genèse chapitre douze – Genèse chapitre douze », sans pouvoir m'arrêter.

« L'Éternel dit à Abram : Va-t'en de ton pays, de ta patrie, et de la maison de ton père, dans le pays que je te montrerai. »

Quelle est cette histoire ? J'avais depuis plus de trois mois, un visa pour les États unis, mais j'hésitais, je *« procrastinais »*, je me trouvais des défis à tenir encore dans mon pays. Caché et discret comme dans un maquis, mais je repoussais sans cesse les délais, parce que j'avais peur. Peur de partir, peur de l'inconnu, peur de l'imprécis. Je n'allais quand même pas subitement me prendre pour Abraham ? Et penser que ce verset était une sorte de communication ? Et pourtant plus loin le verset quatre était clair et je n'entendais au final dans ma tête que cette partie-là :

« Abram partit comme l'Éternel le lui avait dit »

Alors, sortant de ma douche, je me suis dit que pour une fois je vais m'écouter et respecter ce que je crois entendre.

J'avais déjà accumulé pas mal de raisons qui me disaient de partir avant que ce ne soit plus grave. Lassé de cette persécution permanente à visage caché et des fois à découvert, lassé de l'oppression d'un état incompétent, qui n'a d'autres objectifs que la conservation d'un pouvoir qui sert à tout sauf à rendre service au peuple, poursuivi pour divergences d'opinions par des suppôts de la pensée unique et des activistes partisans de l'assimilation à un parti politique, qui n'a de cesse de s'asseoir sur la démocratie et qui se refuse constamment au changement. Je m'étais pourtant résigné à ne plus sortir nulle part, à ne plus rien dire sur rien. J'avais trouvé abri sur un chantier de parc de loisirs d'un ami et je me contentais de travailler, d'organiser tout ça pour rendre ça bien, en contrepartie de subsides. Je m'étais convaincu que dans un pays comme le Togo, l'un des pays les plus malheureux au monde selon le *World Happiness Report,* tenir un parc de loisirs qui tenait ses promesses serait un engagement citoyen aussi valable que mon implication récente à la Présidence de la République.

Mais même là je devais me cacher, de ceux qui trouvaient que j'avais tort de refuser de rentrer dans les rangs du parti, tout autant de tous ceux qui ont pensé à tort que je m'étais engagé à la présidence par cupidité et qui se réjouissaient ouvertement de savoir que j'en avais été éjecté. Ces derniers n'étaient pas un souci clairement, ils n'auraient de toutes les façons aucune velléité de s'en prendre à moi physiquement, mais je voulais éviter de devoir répondre, d'expliquer la situation au point de citer des noms et ainsi aggraver mon cas. Ma démarche en acceptant l'offre de la Présidence était purement professionnelle et citoyenne, rien d'autre. Cependant les esprits étriqués par une vision manichéenne de toutes choses ne peuvent entendre autre son de cloche que les deux seuls sur lesquels ils se balancent. Un vrai drame, drame partagé malheureusement par beaucoup d'ex-colonies. La vie et les climats sociaux difficiles dans ces pays rendus pauvres par une accumulation d'incuries sont l'une des raisons qui motivent beaucoup d'hommes et de femmes au départ.

En effet, que penser de ces pays d'Afrique dévoyés par la colonisation qui a, d'une façon très malsaine, changé les paradigmes sociaux ? Les peuples africains doivent leurs traditions et leurs cultures aux héritages historiques qui leur sont propres et qui correspondent à leurs territoires, à leurs expériences, aux différentes tentatives d'adaptations à leurs contextes locaux. La colonisation elle, a imposé une orientation différente, elle a calqué les sociétés africaines sur les modèles occidentaux, et ce sur tous les plans : *éducation, organisation, religion, lois, langages et symboles.*

Sans qu'on l'admette vraiment, ou pas assez, et d'ailleurs c'était politiquement incorrect de s'opposer à l'ordre établi, ces désorientations des sociétés africaines ont créé des conflits sourds et des dysfonctionnements institutionnels qui empêchent le plein épanouissement des ex-colonisés. Lorsque la terre africaine sert plus à cultiver des denrées pour la consommation des usines et des populations européennes *(coton, cacao, café)* plutôt que de fondamentalement viser la sécurité alimentaire des populations, lorsque les sols africains sont surexploités en dépit de toute éthique environnementale par des entreprises étrangères (uranium, pétrole, coltan), lorsque tout simplement des régimes totalitaires sont maintenus en place pour garantir la continuité de ces déséquilibres qui ne profitent qu'à l'occident, et que toutes les tentatives de liberté sont étouffées par tous les moyens, que reste-t-il aux populations africaines qui affrontent sans cesse la pauvreté au quotidien ?

PARTIR

L'influence des changements climatiques sur ces migrations est un autre volet de la question. Si les experts ne s'entendent pas encore totalement sur le fait et hésitent à l'établir comme il se doit, à cause de considérations méthodologiques sur les évaluations, il est facile pour moi d'en parler parce que tout d'abord je ne prétends à aucune expertise scientifique, et que je ne peux donc qu'énoncer des éléments factuels. Et même ! Seulement de façon globale.

Les peuples se sont toujours déplacés d'un endroit à l'autre pour répondre à un besoin primaire : la faim. En Afrique les changements climatiques affectent sérieusement l'agriculture, l'élevage et la pêche. Il y a l'avancée certaine des déserts dans les pays proches du Sahara, avec les crises de l'eau et les conflits qui en découlent, la rareté des pluies et quand il y en a, c'est si intense que cela crée des inondations, la rareté donc de sols cultivables pour nourrir des familles, l'avancée de la mer due au réchauffement climatique qui déloge des populations des côtes, des familles nombreuses qui peinent à se repositionner et perdent tout ; au Togo en particulier le cas d'Aného avec une négligence de l'État, bien assumée, et pour des raisons politiques certainement ; le bétail décimé par la faim et la soif, la pollution des mers et des cours d'eau à cause de déficits de rigueur écologique, qui exigent des pêcheurs sans grands moyens, d'aller au large pour trouver des poissons et qui du coup abandonnent.

La liste peut s'allonger encore.

Dans tous ces lieux où les lendemains sont si incertains et les conditions de vie rendues institutionnellement insupportables, ceux qui ont la force de risquer leurs vies ne peuvent que partir, laissant des femmes, des personnes âgées et des enfants à leurs sorts, dans des conditions encore plus terribles. Le départ des plus jeunes et des plus vaillants et forts rend nettement l'Afrique encore plus vulnérable. Chaque pays d'ailleurs, qui perd sa force active parce que celle-ci quitte et s'en va renforcer un autre pays s'expose à une accentuation de la pauvreté qui y règne et de sa vulnérabilité. Il devient impuissant à reconstruire ou renforcer son tissu social, son tissu économique, il est sujet à toutes formes d'influences qui ne sont pas toujours positives. L'effritement des valeurs morales qui s'ensuit nécessairement n'est pas de nature à permettre de conserver les richesses naturelles qui peuvent aider à développer le pays au retour des migrants suivant le concept dit des « repats », ces migrants qui retournent chez eux après avoir suivi des formations en occident.

Je me rappelle justement de ce phénomène qu'on appelait l'exode rural, qui expliquait pourquoi et comment, les jeunes des campagnes préféraient quitter les champs pour aller tenter de réussir dans les villes, appauvrissant les régions où définitivement il n'y avait plus rien à faire. Dans ces villes spécifiquement africaines ensuite, où également il n'y a plus rien à faire et que les gens se sentent obligés de partir en occident pour se réaliser, peut-on parler d'un phénomène *d'exode citadin* ? Sans aucune hésitation pour ma part. De la même façon les villes et capitales africaines semblent donner plus d'opportunités que les villages et campagnes, vivre à Paris, Londres, Montréal New York, etc. donne plus de possibilités aux jeunes hommes et femmes que de rester dans les capitales où le déficit de démocratie, la corruption, l'inégalité des chances et l'injustice sont la règle.

La colonisation *in fine*, a eu donc très peu de résultats positifs pour les peuples qui l'ont subie. Les processus tronqués de décolonisation et les mascarades des indépendances ont créé des états valets aux états colonisateurs, qui en ont fait des greniers et des terreaux de ressources pour leurs propres développements. Rien d'autre. Pour faire fonctionner cette nouvelle forme de colonisation, ils découragent par des moyens subversifs, toutes aspirations d'autonomie réelle, financent des coups d'État et institutionnalisent des schémas d'aide qui mettent ces pays à la traîne. Ils s'octroient des droits d'ingérence dans des affaires souveraines, se parent de manteaux de justiciers universels et décident de ce qui est bien ou non, en dépit de toute justice internationale et de respect des libertés des peuples. Par l'entremise de médias internationaux qui sont les nouveaux outils de l'impérialisme, ils construisent l'opinion qui leur convient et dévient le sens de la vérité, s'asseyent ainsi à souhait sur les légitimités de peuples qui ne demandent qu'à se prendre en charge à leur rythme et selon leur style. Des concepts sont souvent créés pour servir cet impérialisme et les envies de puissance de ces états ex-colonisateurs, ils trouvent sur place des chefs d'État et des gouvernants indignes, qui préfèrent saborder le bien-être de leurs populations et privilégier leurs intérêts personnels. Et c'est cela la norme. C'est si fréquent que c'en est devenu la norme.

Les exemples sont nombreux, mais ce n'est pas le propos de ce livre.

Il fallait juste expliquer un peu pourquoi les migrations des peuples des pays pauvres vers les pays riches sont inévitables. Les systèmes de fonctionnement des peuples ont été dévoyés, à telle enseigne que les appels vers les pays dits « *développés* » sont pressants, et ce, pour plusieurs raisons de plus en plus évidentes. Personne ne quitte définitivement sa terre natale que sous une forme de contrainte. Celle-ci peut être réelle, dans le cas de persécutions et de mauvais traitements directs ; ou supposée lorsque par exemple il s'avère presque impossible de se rendre capable dans son propre pays, de gagner sa vie honnêtement.

« L'exil avec la richesse, c'est une patrie. La pauvreté chez soi, c'est un exil »

Proverbe arabe

Et même ! Lorsque vous avez fait en sorte de faire croire à des peuples que leurs croyances sont mauvaises, que leurs éducations séculaires sont inappropriées, leurs cultures incorrectes d'un point de vue rendu universel, quand il n'y a pas de conflits pour combattre cela, et que la résignation ne laisse pas place à la défense de valeurs propres, il ne peut y avoir que des déplacements de ces peuples vers là où l'idéal semble exister. Cette hiérarchie des civilisations que l'occident nie à peine induit normalement que l'équilibre est fait partout, afin que le monde entier bénéficie des bienfaits des lumières et des droits universels. Pourquoi donc observe-t-on le contraire ? Pourquoi personne ne s'indigne-t-il autrement que du bout des lèvres, du manque patent de liberté et de démocratie dans des pays appauvris et maintenus dans la pauvreté par la France qui se drape pourtant du titre pompeux de « pays des droits de l'homme » ? Alors qu'à l'inverse on semble surpris que des populations quittent ces pays pauvres pour aller là où il fait mieux vivre, là où une certaine conscience universelle semble dire que la vie est meilleure à cause du style de vie, de la culture, de l'éducation tandis que, bien évidemment forcés par la colonisation nous avons rejeté nos propres valeurs pour tenter vainement de copier ces modèles-là.

C'est en faisant l'équilibre et l'équité pour toutes les nations que les migrations telles que nous la vivons aujourd'hui seront estompées. Je le sais bien, ce n'est pas demain la veille et nous ne sommes pas sortis de l'auberge. Tant que l'équilibre juste ne sera pas la norme, on ne pourra pas éviter que de diverses manières, peu importent les risques encourus, ces migrations frappent aux portes de l'occident et cherchent les brèches pour y entrer. Ce dernier ne peut être à l'origine de la misère du tiers-monde sans en subir les conséquences. Je ne dis pas que les migrations sont uniquement source de problèmes; elles sont aussi porteuses de richesse. Mais à voir les débats que cela suscite, il est clair que le sentiment d'être envahi est réel. Des peuples et des territoires ont été envahis de la même façon y a quelques années, quelques siècles sans avoir rien demandé.

Cette petite mise en contexte et cette présentation des différentes raisons qui poussent des hommes et des femmes hors de leurs pays vers d'autres espaces où l'herbe semble plus verte servent l'histoire de ce livre. Pour raconter l'événement médiatique de 2017-2018 qu'a été le chemin Roxham, il fallait d'entrée de jeu expliquer pourquoi nul ne vient avec ses bagages, traverser la frontière de son pays s'il fait bon vivre chez lui. Même quand les Québécois achètent des chalets en Floride et dans le sud du continent, c'est pour fuir l'hiver qui est évidemment rude. Une contrainte climatique une fois de plus.

Me voici donc, pour une série de raisons que je n'ai pas cherchées, en situation de migration, à mon âge. J'ai pourtant refusé de partir malgré les sollicitations et les recommandations. Je voyais bien comment ceux qui étaient partis tôt évoluaient, mais je n'étais nullement impressionné. J'étais attaché aux miens et je voulais être là pour eux ; j'étais attaché à mon pays et il me fallait rester pour en prendre soin comme je pouvais. La réussite professionnelle je l'ai eue même si elle ne s'est pas traduite forcément en grosse réussite financière, j'avais le respect de mon secteur d'activités et tout mon entourage savait que je faisais mon travail convenablement. Le hic pour moi était de ne pas faire partie de ce que le président togolais Faure Gnassingbé lui-même a appelé : « *la minorité qui accapare les richesses du pays* » ; et pire de toujours refuser d'en faire partie.

Un grand chanteur-parolier de mon pays du nom de Dee Kwarel s'interrogeait dans une de ces chansons : « *que l'on ne puisse pas ce que l'on peut, car un système ainsi le veut ? Résigné ou hors-la-loi ?* » Je n'ai même pas eu besoin de choisir.

Pour moi ce sera « *hors du pays* ».

Et si Roxham vous était conté

1

Partir en exil, à la recherche de lendemains meilleurs, pour soi et pour ses proches ; demander l'asile, une main tendue, pour être sauvé de ses démons ; les démons de la misère, du sous-développement et de la mauvaise gouvernance, l'enfer d'une mauvaise qualité de vie. Partir, en dépit de tout ; à la poursuite de la lumière ; celle de l'espoir, pour éclairer un parcours construit d'aspérités, de diverses sortes ; et toujours croire que la vie nous aiguise pour nous rendre plus utiles, et plus efficaces. Partir quand on ne peut plus supporter sa vie, quand on ne peut plus se supporter soi-même, quand on ne vous supporte plus, ou encore quand on ne supporte plus de voir sa vie et celles de ses proches s'effriter. Partir coûte que coûte. Risquer sa vie pour la gagner, tout perdre pour espérer gagner quelque chose qui vaille mieux que ce que l'on abandonne.

C'est dans cette ambiance que nous sommes partis ; de différents horizons du territoire des États-Unis d'Amérique, et parfois depuis l'Amérique latine, à la conquête du chemin Roxham. Dans nos bagages, nos restes de vie, nos drames individuels, avec nous parfois, des enfants, dans nos cœurs l'espérance, que nous avons bâtie sur des rumeurs ; seule certitude : la terre canadienne sera nettement plus accueillante. Seul objectif atteindre ce petit chemin à la frontière américano-canadienne, dans la ville de Plattsburgh dans l'état de New York, qui aura connu notre aventure commune.

Déjà à la gare de Baltimore ma première escale, il y avait comme une poignée de gens qui se ressemblaient, mais personne ne parlait vraiment à personne. Les regards disaient tout. Nous avions tous la même tête, nous transpirions la détermination et la crainte, avec une petite lueur d'espoir sac à dos et valise, il était clair que lorsque nos yeux se croisaient nous nous comprenions. Nous étions là dans une gare, nous n'étions « rien » pour emprunter les mots d'Emmanuel Macron le président français qui disait, que dans les gares il y a des gens qui réussissent et des gens qui ne sont rien. À cet instant-là qu'étions-nous sinon rien ? Perdus dans un schéma d'immigration aléatoire, fuyant les annonces d'expulsion de Donald Trump le président américain pour la plupart, et pour ma part répondant une fois de plus à une injonction que j'ai eue en rêve.

Décidément, voilà que je raconte que j'exécute des indications reçues en rêve, ce qui m'aurait semblé très peu vraisemblable y a un moment, parce que mon esprit rationnel ne l'aurait pas admis. C'était comme un jeu. Un soir j'étais là et je parlais à *Dieu* dans ces termes : *« tu m'as dit lèves-toi et pars, voilà je suis arrivé c'est quoi la suite ? »*. La même nuit j'ai rêvé que je traversais une frontière et des agents en uniforme blanc parlaient français. Sur le coup je n'ai pas compris et je n'ai fait aucun lien, je ne connaissais pas l'actualité du Canada en ce moment et je n'ai même pas pensé au Canada, j'ai zappé le rêve. C'est lorsque quelques jours plus tard, discutant avec un compatriote dont on m'a dit qu'il venait d'arriver à Montréal qu'il m'expliquât que beaucoup de gens quittaient les États-Unis et passaient par un chemin escarpé du nom de *Chemin Roxham.* Quelques informations prises sur internet plus tard, il fallait décider. Oh oui j'ai eu peur, j'ai jaugé ce chemin j'ai vu des vidéos avec justement les agents de la GRC en blanc, j'ai lu des blogs, mais mon cœur battait la chamade rien qu'à l'idée. Pour ma tante chez qui j'habitais, il n'était pas question que je fasse cela. Un ami à moi s'est même mis à me rechercher des façons plus simples et plus ordinaires d'aller au Canada, si tel était vraiment mon objectif. Mais voilà j'étais arrivé à un point où j'étais plus curieux de suivre ces indications surprenantes que je recevais dans les rêves ou dans des sortes d'intuitions et d'enchaînement de coïncidences, que de continuer à exercer un contrôle sur ma vie que peut-être je n'avais pas vraiment.

Port Authority Bus Terminal New York City

Encore une étape, la dernière avant Plattsburgh. Ils arrivaient d'un peu partout sac à dos et valise, l'air perdu, regardant les panneaux d'indication et consultant leurs tickets pour savoir s'ils étaient au bon endroit. Je ne pouvais pas faire semblant de ne pas en être, j'avais le même sac à dos et je trainais également une valise, j'avais la même inquiétude dans les yeux ; silencieux j'observais comment les Haïtiens faisaient connaissance et parlaient entre eux en créole et souvent des discussions portaient sur des vidéos qu'ils regardaient en groupe dans lesquelles des instructions leur étaient données par des gens qui habitaient Montréal et qui expliquaient un certain nombre de choses. Étais-je inquiet ? Oui et non. Je ne pouvais évi-ter de penser *«Et si je me trompais ?»* en même temps je me disais je ne saurai pas tant que je n'irai pas au bout de cette démarche. Le bus traversa New York et de loin les immeubles mythiques de «la Grosse Pomme», certains avec des grues, les classiques taxi-jaunes de New York, ont laissé place à des paysages montagneux de l'état de New York, aux routes sinueuses que nous empruntions en ce moment, en route vers le destin, la peur au ventre et l'espoir au cœur. Dans le bus, silence. Parmi nous migrants irréguliers, certains avec des papiers en règle allaient à Montréal. Au calme.

Plattsburgh et ses taxis qui vous prennent sans poser de question de la station d'essence à l'entrée du chemin Roxham et vous disent un «Good Luck» en guise d'au revoir. À la descente du bus, un jeune homme m'approcha et me proposa de prendre le taxi avec lui et deux autres femmes, de sorte que les frais soient moindres pour nous tous. J'acceptai et nous prîmes le chemin direction la petite porte d'entrée du Canada. Concentrés, soucieux d'aborder cette étape importante de notre parcours. Le taxi nous déposa à moins de quinze mètres devant un petit sentier au bout duquel se tenait un homme en uniforme. Un véhicule de la police américaine était garé pas loin de l'entrée du chemin. Descendus, sac à dos et valise en main, il n'y avait plus rien à faire que de prendre son souffle et continuer le chemin. L'un des moments de malaise les plus douloureux pour moi, cette impression d'enfreindre une règle – ce qui était bien le cas – mais le soulagement que quelqu'un allait enfin prendre en compte ma situation de vie, et qu'au bout j'aurais la paix dont le manque m'a conduit jusqu'à ce sentier frontalier, devenu exceptionnellement une porte d'entrée au Canada.

Au revoir Trump et sa politique d'intolérance de l'immigration. Les décisions, les discours, les projets de loi et les commentaires sur les médias n'auguraient rien de bon pour celles et ceux qui avaient besoin de régulariser leurs situations. Encore que dans un processus d'immigration le plus important c'est l'intégration ; alors quand une société dans laquelle on va devoir s'intégrer exacerbe de façon officielle une forme de rejet, il est préférable de chercher aussitôt une alternative. Et ce ne sont pas les bavures policières ni les tueries dans les lycées du fait de la prolifération des armes, qui allaient me dissuader moi de partir au Canada fut-il par un chemin non autorisé, au risque même de se faire maintenir en détention le temps de la procédure. En marchant en file indienne par le chemin Roxham et donc vers le Canada, une multitude de questions sans réponses. La ruée vers le chemin Roxham a été déclenchée par les Haïtiens vivant au Canada qui ont lancé plusieurs appels à leurs compatriotes des États unis pour qu'ils empruntent ce chemin, promettant mille facilités entre rumeurs et vérités. Qu'en serait-il réellement ?

2

12 janvier 2010 16 h 53. Terrible date pour le peuple haïtien. Tout le monde se souvient de ce séisme de magnitude 7,3 qui allait par la suite faire trembler plusieurs vies. 200.000 morts, des amas de pierre et de chair, des cris, des larmes et la peine. Un choc mondial, que se remémorent encore les Haïtiens dans la douleur et la tristesse.

Mais la détérioration du tissu économique, politique et social qui s'en est suivie aura jusqu'alors fait plus de dégâts encore que les secousses sismiques. *Les promesses non tenues des états et des institutions ? La mauvaise gestion d'aides multiformes qui ont aiguisé des appétits malsains ? Serait-ce l'abandon pur et dur d'une situation sans intérêt stratégique ni économique ? Le silence des médias majeurs, faiseurs de l'actualité « Breaking News » ? Et aujourd'hui encore, cette situation permanente d'instabilité politique sur fond de corruption aggravée et d'impunité, des criminels qui courent les rues et méfont à ciel ouvert. L'ignorance impudique de la communauté internationale malgré les cris d'alarme de la population et des organisations humanitaires qui y sont encore malgré tout.*

Toujours est-il que les projecteurs se sont éteints sur Port-au-Prince et ses habitants, sur Haïti et ses enfants. Il est loin le temps du « We are the world 25 for Haïti », loin le temps des offres d'accueil des grandes puissances voisines qui proposaient alors hébergement et permis de travail, provisoires. Le temps de la reconstruction se fait toujours attendre, sur fond de dissensions politiques et d'insécurité sociale. Le règne des gangs a fait suite à celui des débris de murs et de chemins éventrés. La reprise économique est restée sur papier et le sort des populations reléguées à la procrastination systématique. Les replis successifs des missions humanitaires, la démission des organismes non gouvernementaux face aux manques de budgets et de moyens, l'ouverture de nouveaux sites de conflits dans des contrées qui regorgent d'or noir. Et cette lutte, quoiqu'opportune, contre un terrorisme dont les foyers sont toujours bien situés tout près des puits de pétrole : *Libye, Syrie, Yémen.* C'est triste et malheureusement c'est une situation plus répandue qu'il n'y paraît. Ces autres pays dévastés et dont on ne parle pas parce que sans aucun intérêt géopolitique ni financier ; et l'on s'étonne de l'importance des migrations de peuples qui n'en peuvent plus du sort qui leur est imposé par une globalisation et une mondialisation sans âmes.

Puis vint Donald Trump! 45e président des États-Unis d'Amérique et ses déclarations fantasques contre l'immigration, pour toujours construire un agenda médiatique dans sa vaine tentative d'étouffer les polémiques plus sérieuses de son élection. Oui Donald Trump qui décida le 23 mai 2017 de suspendre dès janvier 2018, le TPS (Temporary Protected Status), la disposition décidée par son prédécesseur Barack OBAMA, qui permettait à de nombreux réfugiés haïtiens de bénéficier de conditions particulières sur le sol américain. Combien d'horreurs ont été proférées par ce phénomène médiatico-politique qu'est Donald Trump, pour justifier l'injustifiable, accusant ici et là les Haïtiens de plusieurs tares et même d'être tous atteints de sida, en dépit de la situation tragique en cours dans leur pays depuis 2010? Panique et peur pour ces derniers dont certains avaient commencé des vies plus dignes et s'étaient intégrés, eux et leurs familles.

Nouveau séisme dans le cœur des exilés d'Haïti.

Roxham

C'est dans cette panique totale, le désir de fuite et le besoin urgent de stabilité que cette nouvelle destination revêtit l'espoir d'affligés de toutes sortes : Chemin Roxham. Mais en réalité c'est en décembre 2016 que cette route devint célèbre. À la suite du « *Muslim Ban Act* » du toujours très controversé Donald Trump, plusieurs populations visées par cette décision, ont cherché l'asile auprès du Canada voisin. Toutefois, selon l'accord dit des tiers états entre les deux pays, il n'est possible de demander l'asile que sur le premier territoire auquel on accède. Sauf exception particulière. Les deux nations s'estiment tout à fait favorables aux réfugiés et trouvent incongru que l'on traverse l'une des frontières en demandant l'asile. Les exceptions ne concernent que les titulaires de documents (visas, cartes de résident), les conjoints, les enfants, les mineurs non accompagnés, les frères et sœurs, les parents et grands-parents directs de résidents ou de citoyens du Canada. Les autres sont refusés à la frontière. Purement et simplement.

Une seule solution s'offre aux autres désespérés : descendre à Plattsburgh (NY), prendre ces taxis habitués à emprunter cette célèbre route, puis arpenter le chemin abrupt au bout du Chemin Roxham. Sans état d'âme, sans regarder en arrière comme pour ne pas être changé en statue de sel, peu importe le péril devant, les conditions difficiles inconnues à ce moment, et surtout le risque de s'être trompé. Aboutir à ce cul-de-sac, cette voie sans issue où pourtant nous étions devenus nombreux à en voir une, qui aboutit sur un petit obélisque, et un poste improvisé de police de douane et de soldats de l'armée. C'était déjà une situation d'urgence et le Québec a dû prendre le taureau par les cornes et mettre en place des solutions rapides et efficaces.

Cœurs dans la main

« Mesdames Messieurs, si vous faites un pas de plus je serai obligé de vous arrêter, parce que vous entrez illégalement sur le territoire Canadien. Si vous cherchez un agent d'immigration, il vous faudra retourner et passer par un poste frontalier conventionnel ».

La sentence à l'arrivée, formule exécutoire dite avec la fermeté de l'agent de police protégeant son territoire. Dans son regard la compassion de voir ces hommes, femmes et enfants qui, trainant leurs bagages, sacs et fardeaux, ne demandent rien d'autre en fait que la chance d'une existence convenable ; obligés par le sort de trainer leurs vies hors de leurs terres natales pour trouver un meilleur abri, là où les opportunités sont réelles, où la protection et l'épanouissement des citoyens ne sont pas de vains mots. Nous a-t-il été donné auparavant de rencontrer des gens en uniforme, représentants de l'ordre être aussi conciliants et dévoués ? Pas sûr ! Alors la première impression du Canada est bonne et donne encore plus à rêver. Ça change de ces états totalitaires d'Afrique dirigés par des armées qui sont formatées à penser que leur rôle est de protéger des gouvernants corrompus, contre des populations démunies. Ça change des états où la police fait la pluie et le bon temps dans les rues, tirant à bout portant sur des citoyens sans défense, mais qui finissent toujours par se sortir des tribunaux avec des non-lieux.

À la frontière du Chemin Roxham, la police nous a offert à manger, ils ont porté nos valises eux-mêmes pour les fouiller puis les mettre dans les camions. Avec une gentillesse assumée et sur des tons neutres, ils ont procédé à nos enregistrements, s'excusant presque de devoir nous considérer comme des contrevenants à la loi. Et pourtant c'est ce que nous étions, pour être entrés de façon illégale sur leur territoire. Ils nous ont conduits ensuite vers leur poste pour nous interroger après nous avoir offert des couvertures pour nous protéger du froid. Nous ne connaissions personne, nous sommes tombés sur des gens qui prenaient soin de nous comme si nos vies comptaient. D'où nous sommes partis, et même avant, nos sorts ne tenaient à rien, bons à mourir, bons à souffrir tant que les politiques injustes pouvaient être justifiées par des votes même extrêmes, tant que l'intérêt de minorités au pouvoir permettait de garantir un néo-colonialisme sans pudeur! Nous suivions les étapes de la procédure de demande d'asile sans les connaître, agglutinés pour contrer le froid, dévissant parfois comme si de rien n'était pour certains, l'inquiétude et les soupirs pour les autres.

Ce soir-là dans nos regards, un cœur rouge avait remplacé la feuille d'érable sur le drapeau canadien. L'espoir au cœur, plus vivace que jamais, nous avions quitté tour à tour le poste de police pour nous rendre dans les bâtiments des services frontaliers de la douane du

Canada. La nuit tombée, le sommeil nous était en quelque sorte dû. Pourtant, les gens continuaient à arriver. L'exode était réel. Mais les bonnes dispositions ne quittaient pas ces officiers et agents en uniformes qui, malgré la fatigue et obligés de parer à cette vague migratoire sans précédent, continuaient de nous servir, avec la compassion que nous méritions peut-être, et ce respect de l'humanité en nous, que nous n'avions pas trouvé ailleurs. Certains arrachés de leurs vacances ont dû accourir dans la municipalité de Lacolle pour prêter main-forte à leurs collègues débordés. Pourtant c'est eux qui nous encourageaient et répondaient à nos questions, c'est eux qui nous servaient et nous parlaient avec respect et humanité.

Ce fut le premier jour.

CES MORCEAUX DE VIES ENSEMBLE

Plusieurs destins individuels dans une aventure commune confinés dans un espace commun, cela crée des liens et des tensions. Obligatoirement. Forts de fausses rumeurs distillées çà et là sur internet, beaucoup ont presque cru que des cartes de résidents, des logements attendaient d'être distribués comme des petits pains, au sortir du Chemin Roxham. Ils ont cru comprendre que le Canada, en réponse à Donald Trump, avait initié un programme d'accueil systématique des Haïtiens à la frontière d'avec les États-Unis. La surprise a donc été grande au réveil, face à ces plus de huit cents personnes en file indienne pour la distribution des collations, et ces lots de valises débordant des camions. Puis les spéculations, analyses et suppositions s'y ajoutant, ce confinement provisoire dans les locaux de la douane allait très vite devenir pesant.

Mais tout d'abord, d'où leur vient cette inflexion naturelle envers les démunis, aux Canadiens? Pourquoi peuvent-ils se mettre autant à notre disposition, nous supplier presque de venir manger, sourire et nous souhaiter bien du courage dans notre périple? Toujours à l'heure pour la distribution des repas équilibrés contenus dans des boîtes blanches, remis avec le sourire et l'indulgence. On se serait attendus ailleurs à un accueil plein de racisme et de rejet, qu'on aurait presque trouvé logique. Mais l'histoire et la culture canadienne leur rappellent-elles constamment que c'est ainsi qu'un jour ils ont été migrants, qu'ils ont quitté des terres hostiles pour venir s'installer ici? Ont-ils tous dans un sursaut d'humanisme, refusé l'amnésie qui a contaminé les États-Unis d'Amérique? Le froid légendaire d'ici leur donne-t-il des raisons solides d'accueillir toute chaleur humaine d'où qu'elle vienne? Ce qui est sûr, c'est que la municipalité de Lacolle, les policiers, les douaniers, les agents d'immigration, les agents de sécurité affectés pour la surveillance, la Croix-Rouge, les prestataires pour le ménage, les sanitaires… tous ont été corrects envers nous et c'est même peu de le dire. Lorsque vous franchissez des kilomètres pour éviter le rejet, la haine, la per-sécution, des environnements défavorables, lorsque vous cherchez une terre d'asile, pour reprendre vos rêves là où vous les avez laissés, empêchés de les réaliser, lorsque vous êtes à l'aventure avec parfois vos enfants, il n'y a rien de mieux qu'un sourire avec le réconfort.

Autant de gens, autant de parcours différents, répondant à un appel à partir, et qui se retrouvent sur ce même point d'entrée, des morceaux de vie éparpillés qui volent vers une terre froide, mais si charitable, autant de personnalités diverses et de destins dont on ne connaissait pas l'orientation, mais que des contraintes ont rassemblés devant ces entrepôts de la Douane du Canada. Que seront-ils devenus dans quelques années? Et même combien seront acceptés et combien déportés ? Combien de temps allait durer la procédure ? Les rumeurs disaient tellement de choses, et nous étions un nombre si important que cela allait certainement rendre la tâche plus difficile. Mais déjà il fallait se retrouver dans cette impasse administrative sur laquelle débouchait à n'en point douter la traversée du Chemin Roxham. La vérification de nos documents de voyage, l'enregistrement de nos déclarations et l'ouverture de dossiers, les vérifications de plusieurs paramètres et la confrontation des données. Ça risquait d'être long. Assurément !

La gentillesse des agents qui s'occupaient de nous était, pour faire passer le temps, un excellent baume de soulagement.

3

ET POURTANT

Dans la vie rien n'est dû. Sinon personne ne se battrait pour les Droits de l'Homme qu'entendent toutes consciences et qu'admettent toutes logiques. Pourtant, beaucoup de pèlerins du Chemin Roxham n'ont pas eu les comportements les plus adéquats. Le minimum d'égard que nous devrions en réponse d'une main tendue, c'est la marque d'une bonne éducation. Mais la compréhension de la situation que nous imposons de force, à un état qui s'impose à lui-même une culture d'accueil de ce niveau, a manqué pour beaucoup. Et cela en dépit de toute règle d'hygiène et des risques en la matière. Faut-il parler de la gestion des ordures ? Décrire les situations que nous avons rencontrées dans les toilettes provisoires installées pour nous servir ? Est-il utile de dire que les espaces qui ont été concédés pour nous accueillir ont été construits pour d'autres usages et que c'était incorrect de saborder l'espace sans considération aucune ? Est-il besoin de dire que parler une langue inconnue de votre vis-à-vis, n'empêche pas la communication de vos sentiments et réactions, qui transparaissent dans le ton et les inflexions de la voix, sur le visage ? Nous avons failli faire douter le Canada sur l'opportunité de nous accueillir. Peut-être aboutiront-ils à ce faire, vu le manque d'égard que certains avaient pour les infrastructures affectées à notre accueil, si très vite une prise de conscience, ne permette de sensibiliser les communautés migrantes, à faire preuve d'une, ne serait-ce que, moindre élégance.

Au lendemain de notre arrivée, j'ai fait le tour de l'espace qui nous était attribué, limité par des rubans jaunes avec des agents de sécurité postés pour nous interdire de les franchir. J'ai compris qu'il y avait 99 % d'Haïtiens et quelques rares autres nationalités. J'ai observé qu'avec un peu d'organisation nous serions capables de rester confinés à cet endroit en attendant les déploiements sur d'autres sites. Déjà avant d'arriver on parlait du Stade olympique de Montréal qui était plein, des structures d'accueil qui étaient débordées et nous, nous étions plusieurs centaines agglutinés dans ces installations de la Douane canadienne.

J'ai approché mon ami de taxi, devenu compagnon de trajet on s'était déjà beaucoup parlés la veille, je lui proposai de voir parmi les aînés haïtiens avec lesquels ils discutaient de la politique de leur pays, de constituer un groupe de quatre personnes pour se faire les responsables du camp côté migrants, arguant que le Canada étant sensible à la parité il fallait que cela soit deux hommes et deux femmes. Ces quatre personnes auraient la responsabilité de parler à tout le camp et organiseraient le fonctionnement comme il se doit, de sensibiliser à la propreté et au respect des uns et des autres afin d'éviter de salir l'espace, parce que si jamais, ne serait-ce qu'une épidémie de gastro commençait, nous serions nous-mêmes les premiers perdants. Il hésita longtemps, mais j'insistais. Je lui ai dit que la majorité des gens étaient haïtiens et que la logique voudrait que le comité de surveillance que je pensais nécessaire soit absolument composé d'Haïtiens. Il me dit qu'en vérité ils ne se connaissaient pas tous et que cela aurait du mal à passer. Il finit par en faire la proposition en disant que l'idée venait de moi. Je pus ensuite détailler ma proposition et j'expliquai au groupe que ne sachant pas comment les choses se passeraient il fallait que nous montrions une forme de discipline et de sens de collaboration afin de ne pas subir un rejet qui ne serait que légitime, vu qu'il était facile de nous considérer comme des envahisseurs. Débats houleux en créole et désistements des uns et des autres. L'affaire était mort-née.

À l'heure de la distribution des collations du soir, vers 17 h heure de souper au Québec, je demandai à mon ami de me suivre et je suis allé voir les agents de distribution et je demandai à parler à leur responsable. On m'introduit à une dame à qui j'expliquai que je voulais emprunter leur mégaphone pour passer un message. Elle s'appelait France. Je lui expliquai que je voulais sensibiliser mes compagnons de misère à la propreté et au respect de l'espace que nous occupions, que je le dirai en français puis en anglais et que mon ami le dirait en créole. Elle trouva l'idée intéressante et s'enquit de la collaboration de l'officier de la GRC présent. On me remit le mégaphone et je pris la parole. Ce que j'ai dit essentiellement était de remercier pour l'accueil très correct que nous avions reçu depuis notre arrivée et j'ai invité les migrants à considérer que l'espace que nous occupions était destiné à une administration publique et qu'il fallait que nous en prenions grand soin pour ne pas détériorer cet espace. La santé des enfants présents parmi nous, des femmes enceintes et de nous tous en dépendait. Quelques applaudissements, traduction en anglais puis en créole, et bien sûr des commentaires très désobligeants en créole qui n'auraient de toutes les façons pas manqué. J'appris à mes dépens que le terme «Africain» dans la bouche d'un créole était beaucoup plus péjoratif qu'il ne paraissait. En effet beaucoup d'Haïtiens, selon une lecture bien orientée de l'histoire, estiment que leurs ancêtres ont été lâchement vendus par leurs frères d'Afrique et que de cela, découle un caractère de traitre congénital pour tous les descendants africains. J'en ai souri et j'ai tenté d'expliquer à un petit groupe, et sans succès, que cette lecture de l'histoire était plus fantasmée que réelle. Comment croire que nos ancêtres avaient été échangés contre des miroirs et des bijoux, choses qui datent de l'Égypte antique et qui n'ont guère manqué dans les différents empires du Ghana et du Mali?

Bref, après cette annonce, j'ai proposé de constituer une petite équipe de nettoyage et de contrôle de la salubrité. Si durant ce séjour, il y a eu quelque sept personnes qui spontanément, se sont mises à répondre un tant soit peu à ces manquements, en prenant sur eux de gérer les poubelles, de nettoyer l'espace, d'appuyer les agents de l'État canadien dans leurs différentes actions, qu'en est-il à chaque fois qu'ils passent d'une étape à l'autre? À chaque fois il fallait renouveler, et nous trouvions des bénévoles ponctuels parfois. D'ailleurs n'avons-nous pas tous été l'objet de quolibets, d'insultes et de critiques malsaines du fait de ce dévouement? Nous ne saurions tous, ni être des négligents que la saleté ne dérange pas, ni être des réclamants passifs, qui croient que tout leur est dû et refusent de comprendre qu'en retour de politesse, seule la politesse est de mise. Non. De penser pendant tout le temps de ce dévouement que le stress du parcours puisse faire oublier l'essentiel et rendre les plus précautionneux bien insouciants nous a beaucoup aidés.

Et nous avons continué à faire de notre mieux pour garder les installations propres, et rassurer nos vis-à-vis par rapport à la reconnaissance que nous leur devions en retour de leur solli-citude. Et nous nous sommes fait des amis parmi eux. Nous avons régulièrement récupéré des cartons pour aider des mères à protéger leurs enfants de la chaleur et chaque matin vers cinq heures nous nettoyions l'espace avant le réveil du camp, nous portions des sacs poubelle pour aider à les sortir du camp. Un groupe de musulmans nous a même approchés pour que nous demandions un supplément d'eau pour le camp, afin qu'ils en trouvent toujours pour leurs ablutions de la journée. Chaque matin, nous surveillions l'utilisation des toilettes mobiles afin que chacun puisse s'en servir convenablement et nous étions sollicités pour appeler à la distribution des collations.

Chaque situation quelle qu'elle soit, porte en elle le germe d'une opportunité, à chacun de savoir la trouver et l'arroser pour qu'elle grandisse. Tout n'a pas été que stress, froid, manque de sommeil, poubelles, gestion de mépris, faim et impossibilité de prendre des bains pendant des jours. Il y a eu, et c'est bien heureux, des rencontres positives, qui savent naître dans des contextes délicats et qui souvent, forgent des amitiés durables. Les âmes traversent le temps et l'espace pour se rencontrer et ce n'est des fois pas le fruit d'un hasard, mais d'un ordonnancement bien coordonné. Nul ne choisit le temps et le lieu d'une rencontre, mais peut-être les âmes savent elles? Tout compte fait ou presque, l'énergie de ces rencontres crée des impacts et des alliances qui peuvent plus tard servir. Qui sait ce que l'avenir nous réserve? Ces énergies mises ensemble et dont je parle ici ont laissé des souvenirs impérissables parmi lesquels certains ont été particulièrement marquants pour moi, et avec le recul, je peux dire que je suis heureux de les avoir croisés sur ma route, ce Chemin Roxham devenu déterminant pour nos parcours de vie.

Petit florilège.

Look ombragé, l'air d'un cowboy solitaire, enfermé dans son histoire en refusant de s'ouvrir, se cacher sous sa capuche comme un type ambigu, une sorte d'espion jeune qui surjoue son rôle et sa mission, c'est bien là le profil croisé dans la gare à New York, retrouvé plus tard à la descente du bus à Plattsburgh, et qui me proposa de partager le taxi avec deux dames, réduisant drastiquement le budget taxi pour chacun.

Pourtant, il cache un cœur qui bat fort, il n'a rien des stéréotypes hollywoodiens qui rendent louches les gens timides toujours en retrait. Il porte en lui une envie folle de se dépasser et la disponibilité de celui qui sait qu'il peut toujours apprendre des autres et avancer. Son histoire pèse sur lui parce qu'il la porte justement comme un fardeau. Il assombrit son univers alors qu'il lui suffirait de s'éclairer soi-même de son sourire, qu'il a rayonnant. Les routes de la vie ne sont pas linéaires. Les hauts et les bas définissent les plis utiles, qu'il nous faut avoir pour tout affronter dans cette vie. Shady aura été le plus disponible dans cette aventure, à comprendre l'intérêt de nos actions et à s'y adonner au pied levé, sans rechigner, peu importe ce qu'en disaient ses compatriotes et leurs moqueries. Face à ceux qui font bien, les railleries des ignorants ne sont que la preuve de leur misère intérieure. Personne donc ne s'en souciait vraiment, parce que personne ne s'attendait à une récompense, pas même à leur soutien.

Shady a envie d'aller loin. Il ira loin. Sa détermination est certaine. Mais la vie ne s'embellit d'abord que de l'intérieur de soi, lorsqu'on trouve en son for intérieur les raisons de sourire à son univers, et de regarder plus aux opportunités qu'aux difficultés.

Facile à dire il faut le reconnaître. Puisse le Canada lui donner des raisons de sourire et puisse l'ombre d'Haïti le quitter. La question de l'heure n'est pas le défi du retour, mais il est certain que le moment de ce défi viendra pour lui. Et à ce moment-là il devra choisir; entre donner à sa terre natale la contribution qu'il n'a pas reçue, sachant bien qu'il eût fallu des hommes droits comme lui, pour fixer alors les conditions adéquates, ou se résigner à faire sa petite place à l'ombre du Canada. Il est le seul avec lequel j'ai gardé contact depuis la frontière, échangeant souvent avec lui pour savoir comment les choses évoluent pour l'un et l'autre. De compagnon de misère, il est devenu un ami, que j'ai plaisir à voir à l'occasion et que de toutes les façons je ne me permettrai pas de perdre totalement de vue. Avec lui je parle d'histoire et de traditions africaines et haïtiennes. Il est curieux et moi aussi, alors on parle de tout et de rien quand on en a l'occasion. La paix du cœur qu'il nous faut pour nous reprendre entièrement nous ne l'avons pas encore à l'heure où j'écris ces lignes, mais le grand espoir que nous n'avons que bien fait d'arpenter ce sentier ensemble le jour-là et que ce n'est guère le hasard, nourrit en nous l'idée que nous en rirons un jour ensemble, et nos proches également.

Shady lira ceci, et je l'imagine en train de sourire et d'illuminer son être entier. Mais il ne sait pas qu'il est un héros, un vrai, pour ce qu'il a fait en ces instants-là, quand il acceptait de porter des sacs poubelle comme cape de protection et que nous ramassions des ordures sans prêter attention aux impolitesses et aux commentaires. C'est un rare pouvoir que de rester debout et s'engager à bien faire lorsque personne ne veut le faire, un rare pouvoir de rester ferme dans son engagement même lorsque tout va à l'encontre de ce qu'on fait.

Comment être si jeune et si mâture ? 15 ans et la volonté de 30, le sens de la responsabilité de 35, la compassion naturelle envers les enfants de 50. Seul un esprit brillant est capable d'un tel exploit. La rigueur et la sensibilité à un si jeune âge dénotent malheureusement d'une enfance perdue, à s'occuper de choses sérieuses, au lieu de courir des rêves d'enfant. Vis-à-vis de sa mère il avait l'épanchement d'un mari aimant, vis-à-vis de lui-même la rigueur d'un père. Le sien, il n'en parle pas. Pour un garçon, grandir sans père c'est douloureux. Où qu'il soit il peut en être fier. D'ailleurs il va certainement en entendre parler.

Tout le camp, des adultes aux petits enfants, était en admiration pour ce jeune homme qui se rendait constamment utile. Un besoin certes de se cacher de l'horreur de la situation, et de tenir debout pendant que les autres de son âge restaient cloîtrés dans les pagnes de leurs mères, quand ils ne s'adonnaient pas aux divers jeux que seuls eux savent improviser. RF était fait de la matière dont on fait les loups, qui savent traverser différentes températures tout en étant soudés à leur meute, se protégeant les uns les autres. Il n'avait peur de rien. Il était au-dessus de la mêlée, réconfortant les plus faibles et demeurant stoïque au point un matin, de finir par craquer, comme il arrive aux plus forts de laisser couler une larme pour souffler un temps. Il a pleuré de chaudes larmes et je l'ai encouragé le jour-là, à beaucoup pleurer pour ne pas trop en garder sur le cœur. Il tenait à pleurer loin de sa mère pour ne pas la peiner. On a parlé ensuite lui et moi, aux âmes bien nées la valeur, dit-on, n'attend point le nombre d'années. RF devrait d'ores et déjà être côté en bourse. Que Dieu l'accompagne dans son cursus et qu'il se bonifie davantage avec l'âge.

Nous les avons trouvées sensibles à la cause «*propreté et protection des enfants*». Disponibles, conciliantes, efficaces surtout Gilly et Emma ont été fidèles à nous accompagner dans la démarche que nous avions de faire de ces espaces de détention provisoire, des environnements viables, pour nous tous. Elles souriaient, riaient aux blagues que nous faisions souvent pour détendre l'atmosphère, elles venaient s'asseoir avec nous et nous discutions, et nous nous réconfortions. Nous n'avons pas besoin de nous connaître pour exprimer une affection réciproque, le bon sens se partage aisément à qui sait en reconnaître. Dès le début Gilly avait tout de suite embrayé à l'idée de mettre un peu d'ordre dans le camp ; Emma nous voyant faire la première opération est venue spontanément demander gants et sacs poubelles et prendre en charge son périmètre à elle. Haïti est une terre qui fait des femmes fortes et courageuses. Elles n'ont pas peur d'exprimer leurs opinions et de défendre leurs intérêts. Elles savent être calmes et douces, puis panthères noires pour exiger le respect qu'elles méritent. Plusieurs accrochages entre hommes et femmes dans les camps ont confirmé cela ; Gilly et Emma nous ont défendus quand il le fallait, ajustés quand il le fallait également. Dans un environnement aussi hostile, dans l'adversité et l'incertitude, nous avions trouvé des soutiens inattendus, qui ont rendu possible cette traversée. Leurs regards de mères et de sœurs nous ont encouragés autant que leurs paroles et leurs soutiens en s'impliquant à nos côtés.

Nous étions huit cents presque ou plus, dans ces camps d'infortune, où deux à trois fois par jour certains étaient appelés dans un mégaphone pour aller on ne savait où ? Étaient-ils admis ? Étaient-ils renvoyés ? Personne ne savait et les spéculations allaient bon train. Ceux qui préféraient jouer à différents jeux pour se distraire et attendre patiemment leur tour, ceux qui se regroupaient pour prier, chanter, ceux qui allaient tant bien que mal à la recherche d'informations pour alimenter les rumeurs et les spéculations, ceux qui avaient des discussions houleuses parfois sur des sujets très ordinaires (soccer, basketball, musique), ceux qui folâtraient parce qu'en couple ou parce qu'ils avaient décidé de courtiser les femmes du camp… On avait de tout et le camp était un lieu de vie, peu importe l'état dans lequel il était à cause de la pluie et de différentes raisons. Tant que nous respirions et tant que nous espérions, alors nous vivions. À force, on nous avait acceptés comme chargés du maintien de ci et de ça sur le camp. Notre détermination avait peut-être payé, ou s'étaient-ils lassés de nous critiquer, peu nous en importait. Les mères nous remerciaient quand pour protéger leurs enfants du soleil nous leur distribuions les cartons récupérés des camions de collation, les agents d'entretien appréciaient notre appui et nous avions le respect des agents de l'ordre.

Je n'oublierai pas ce monsieur, agent de sécurité de nuit, qui m'invitait à prendre du café tous les soirs quand il arrivait et combien je chérissais ce moment « café » comme un lien avec la vraie vie, quand les moments de douche à la bouteille d'eau à 4 h du matin pendant que les gens dormaient encore et après notre tournée poubelles, était pour moi l'un des plus difficiles aspects de la traversée. De cette traversée particulière, de la terre de nos aïeux, à la terre de l'érable. J'ai appris à chérir chaque instant de vie.

46

4

Notre aventure à la frontière canado-américaine ne s'est pas arrêtée dans ce centre de nouveaux arrivants. Quelques jours plus tard, on nous demanda de récupérer nos bagages et des appels furent émis groupe par groupe, et nous partions rejoindre un autre camp de fortune construit cette fois-ci par l'armée canadienne, avec des tentes, des lits et devinez quoi? Une douche (émoticône sourire). La vie reprenait des couleurs. Toutefois il fallait compter avec le nombre de personnes qui étaient pressées de prendre une douche une vraie pour se sentir bien et renaître. J'avais hâte, mais la file d'attente était si longue que je me résignai à attendre la nuit quand tout le monde dormirait pour aller prendre ma douche. Une après de si longs jours de toilette façon chat, qui rafraîchissait sans donner cette impression de légèreté que donne une vraie douche. J'avais hâte de frotter mon corps pour presque enlever le souvenir de ces nuits sur des cartons de fortune; couché à même le gazon, à la belle étoile certes, mais sous des projecteurs parce que nous étions surveillés, et quand arrive l'orage et qu'on daigne nous autoriser à entrer dans les entrepôts de la douane, il fallait courir en abandonnant sur place ce qu'on ne pouvait transporter de suite, parce qu'il fallait se presser pour trouver des places agréables dans l'entrepôt. Dès six heures le lendemain il fallait sortir parce que les entrepôts devaient être nettoyés avant l'ouverture du service. Nous avions bon espoir qu'on finirait par quitter cet endroit, mais quand? Nul ne pouvait le dire. Chaque minute était plus longue que la précédente et on essayait de se changer les idées comme on pouvait. Il y avait des groupes qui priaient, deux musiciens qui avaient sorti leurs guitares, et attroupés autour d'eux certains chantaient, les joueurs de soccer étaient là, d'autres lisaient comme moi, quand je ne prenais pas de notes pour garder en mémoire ce que j'étais en train de vivre. D'où je venais et comment j'étais là dans ces conditions, c'était le jour et la nuit et je me surprenais à sourire de l'incongruité de la situation et de la justesse de ce choix.

Un bon bain allait me changer les idées. Sauf que je n'étais pas le seul à avoir pensé le prendre quand tout le camp serait au lit, et c'était sans compter sur la machine qui filtrait l'eau. Submergée de sollicitations elle a lâché. Dieu merci une intervention a été demandée immédiatement et quelques heures plus tard elle fonctionnait à nouveau. Elle fut longue cette douche, assez pour même laver mes péchés, à l'eau chaude bien sûr. Je ne me suis jamais autant frotté le corps de ma vie, même après des matches de foot dans le sable dans mon pays. Cette nuit-là j'ai dormi comme un bébé, sur un lit de camp militaire, dans une tente avec quinze autres personnes un décor de terrain de guerre, avec des hommes en uniforme treillis qui faisaient des rondes, mais j'ai dormi comme un être humain. Dormir à plus de cent dehors dans du gazon trempé de pluie, sur des cartons de fortune et tous couverts par les mêmes toiles de couleur orange larvée, a un petit côté déshumanisant et inconfortable rien qu'à l'idée. C'est peut-être l'absence de choix dans cette situation qui la rendait si inconcevable, le fait de savoir qu'on se retrouve là par la force des choses, qui rendait insupportable l'idée de devoir subir cela. Mais en même temps j'y consentais sans problèmes en raison de la cordialité de nos rapports avec les forces de sécurité présentes, la conscience que j'avais du fait que nous-mêmes imposions par notre entrée illégale sur le territoire du Canada, un cas de force majeure dont ils ne pouvaient s'occuper que du mieux qu'ils pouvaient. Aussi, beaucoup partaient avec leurs bagages et ne revenaient plus, ils allaient à Montréal et les rumeurs disaient qu'ils étaient libres de leurs mouvements, alors on espérait tous que notre tour arriverait bientôt. En attendant, on s'occupait du mieux qu'on pouvait. Notre fonction d'aide à l'organisation de la propreté du site était beaucoup réduite dans le camp militaire, les tentes étaient structurées, des poubelles dans chacune des tentes et un service plus régulier, plusieurs toilettes et des douches bien installées, des espaces de détente entre les tentes avec des bancs et même une tente de premiers soins de la Croix-Rouge. La vie était plus simple, et la fréquence des départs était plus grande. Ce que nous faisions était de passer dans les tentes récupérer les barres tendres et les fruits non consommés pour éviter le gaspillage, donner la possibilité à d'autres qui voulaient manger plus de se servir. Alors on circulait avec des cartons et plus avec des sacs poubelles. Puis un agent de la Croix-Rouge attira mon attention sur la circulation d'un fruit ou d'une victuaille d'une main à l'autre, susceptible de favoriser l'expansion d'une maladie. C'est un commentaire que je trouvai pertinent et j'en parlai avec Mme France qui accepta qu'on ne recycle plus les éléments de la collation. Du coup, elle m'apporta personnellement un lot de pains et de confitures avec des barres tendres vu qu'à cause de mon régime alimentaire – je suis végétalien – j'échangeais souvent le sandwich de ma boîte contre des fruits de mes voisins. J'étais gâté. Par ailleurs être appelé «Africain» «Africain» ne me disait plus rien, c'était leur façon de me distinguer et je n'en prenais plus ombrage, bien au contraire. J'étais Africain, et de toutes les façons quand spontanément on s'adressait à moi en créole je répondais « *Mwen pa pale kreyòl* » et ça les faisait rire. Nous étions devenus proches dans les tentes et même dans tout le camp, on parlait de tout et de rien, on écoutait les histoires des uns et des autres, nous venions de partout des États unis, même d'Amérique latine, et il y avait des histoires à raconter. Ces morceaux de vie ensemble, disais-je plus haut.

Certains d'entre nous partaient désormais. Beaucoup plus régulièrement que de l'autre côté ; une tente après l'autre, avec leurs bagages, un sourire de délivrance éclairant leurs visages. Puis d'autres personnes débarquaient directement au camp de l'armée et étaient installées dans les tentes vides : les nouveaux. Pour nous les rumeurs allaient bon train, on parlait de documents qu'on leur remettait pour travailler directement, de logements gratuits, etc. La résilience était donc de mise, plutôt que de se laisser aller à des spéculations ! Attendre. Patiemment !

C'était en tout cas la dernière étape à la frontière selon certains agents de sécurité d'origine haïtienne, qui rassuraient leurs frères. C'était l'étape d'enregistrement d'empreintes, de prise de mesures, de photos et le départ vers Montréal disaient-ils. Presque le bout du tunnel. C'était important de sortir de cet endroit. Retrouver une certaine forme de normalité avec la liberté de mouvement et la possibilité de se prendre en charge soi-même avec un travail et un revenu, espérant ensuite que la procédure d'immigration à terme permette une régularisation de notre identité. Être contraint de ne pas sortir d'un territoire géographique pour telle ou telle raison c'est être en prison qu'on le veuille ou non. Toute contrainte est une forme de prison, qu'on se l'impose soi-même ou que d'autres ou des contextes nous l'imposent. Dans notre cas, sortir de ces espaces entourés de grilles et de ruban jaune « *Do not cross the line* » était une prison dont il fallait sortir. Alors on attendait l'appel du numéro de notre tente. Ce qui a fini par arriver.

Nous avons été conduits en file indienne dans le hall d'un bâtiment où régnait une ambiance de gare en grève. Des couvertures au sol faisaient office de lits, les gens attendaient, dormaient, allaient et venaient du hall de gare à des bureaux à côté, où les agents en uniforme recevaient les enregistrements. Nous sommes arrivés vers onze heures trente. Nos bagages toujours avec les étiquettes et numéros reçus à la frontière, nous les avons déposés dans un camion pour ne pas encombrer le hall d'entrée du bâtiment transformé en gare, où nous attendions de finir les formalités. Des navettes faisaient l'aller-retour entre Lacolle et Montréal emmenant les gens qui avaient fini de s'inscrire formellement. Les mesures de tout ont été prises, de la tête aux pieds. Nous avons rempli plusieurs documents avec les agents dont des copies nous ont été remises ensuite. Toutes nos pièces d'identité ont été saisies. Nous avons signé des documents indiquant que nous avions enfreint la règle canadienne en entrant illégalement sur le territoire, et que si notre demande d'asile était refusée, nous serions alors sous le coup de cette infraction et le Canada agirait en conséquence. À ce moment nous aurions tout signé pour sortir. En plus c'est vrai, nous sommes entrés sur le territoire avec nos bagages sans avoir été invités. Alors la demande d'asile devait être motivée assez pour que nous nous soyons retrouvés là. Alors, signons !

Il ne restait après la signature de ces documents que l'arrivée des navettes et à notre tour nous monterions dans ces bus qui conduisent à Montréal. Il faut compter une heure aller une heure retour, surtout qu'en fonction de l'heure de la journée avec les embouteillages ça pouvait prendre encore plus de temps. Résilience.

Cette nuit fut longue. Tout aussi intéressante.

5

En fouillant mes bagages à la frontière, l'agent de police est tombé sur une petite boîte noire qu'il m'a demandé d'ouvrir. C'était un humidificateur à quatre cigares que j'avais sur moi. Je l'ai ouvert et il contenait des Gurkha. Je lui ai expliqué que c'était pour ma propre consommation et que ce n'était pas de la contrebande. J'étais stressé. Mais il a juste souri et il m'a demandé de sortir la boîte de la valise parce que celle-ci va passer ensuite aux rayons X. J'ai donc mis ma boîte de cigares dans mon sac à dos. Le dernier soir, lorsque dans cette gare en grève où l'on ne pouvait dormir que difficilement, tant c'était éclairé, bruyant, et les entrées et sorties incessantes, je me suis rappelé de mes cigares. J'ai donc décidé d'un moment de détente pour réfléchir à tout ce que je viens de traverser. J'ai choisi un cigare et je me suis éloigné de la porte et j'ai mis une *Play List* d'Opéra que j'avais sur mon téléphone. Perdu dans les volutes de tabac, et emporté par *La Traviata* de *Verdi* interprétée par *Luciano Pavarotti*, une foule de choses me revinrent à l'esprit. J'ai vu défiler dans mes pensées tout mon parcours, de mon enfance à là où j'étais assis ; à la veille d'une vie nouvelle, à reprendre à zéro, dans un pays où je suis entré par infraction, à 37 ans laissant tout derrière, tentant de tout rattraper devant. Je me suis posé dix mille questions existentielles : pourquoi moi ? Pourquoi suis-je là ? Pourquoi ne suis-je pas resté ? Comment ferais-je pour arriver à bout de ces tourments ? Ai-je eu raison de partir ? Qu'est-ce que ce gros risque va me coûter ? Quand reverrais-je les miens ? Et si les choses ne se passaient pas comme je le voulais ? Lovejoyce, es-tu sûr de ce que tu fais ? Plus la fumée de tabac s'échappait de ma bouche vers le ciel étoilé sur lequel mes yeux étaient fixés, plus mon esprit devenait confus. J'avais l'impression d'avoir fait une folie, d'être parti seulement sur un coup de tête, rien d'autre, plus je me disais que c'était une bêtise plus une autre voix me disait de rester serein et de faire confiance à mon intuition. Je n'avais parlé à aucun de mes proches depuis sept jours, personne ne savait où j'étais vraiment. Ma tante aux États-Unis ne devait dire à personne que j'étais parti traverser la frontière du Canada avant d'avoir eu de mes nouvelles. Elle devait être en totale panique en ce moment. Cette dernière nuit à Lacolle était ma nuit de doutes. Face à l'incertain, n'étant sûr de rien, j'ai tout remis en question, jusqu'au choix délibéré d'affronter les gens du pouvoir dans mon pays, au nom de mon intégrité et de la conception morale que j'avais de la fonction officielle.

J'étais encore perdu dans mes pensées, lorsque deux jeunes agents de sécurité s'approchèrent de moi pour me demander si j'étais parmi les nouveaux arrivants. À ma réponse ils ont dit être surpris de voir l'un de nous fumer le cigare et écouter de l'opéra, me demandant de ne pas le prendre mal. Je leur répondis que même les noirs trouvent bizarre un noir qui écoute de l'opéra en fumant un cigare et qui est végétalien. « En plus ? » répondirent-ils en chœur en riant. Ils allumèrent leurs cigarettes à côté et commencèrent à parler avec moi de plusieurs sujets, du cigare à l'opéra en passant par le végétalisme. Ils m'ont dit que leur rôle était d'accompagner les migrants qui partaient en bus à Montréal à la fin de leurs formalités, qu'ils espéraient que je sois dans les deux prochaines navettes qu'ils allaient accompagner. Ce ne fut pas le cas malheureusement et je ne les ai plus revus. Ils m'ont parlé de Montréal, de la société québécoise, des Honda Civic, des baby-boomers, de l'indépendance du Québec, des rues parallèles de Montréal, de celles où il y a les meilleurs clubs, des quartiers chinois, italiens, français, de la profusion d'emplois qu'il y avait au Québec, des routes et de la commission Charbonneau, des travaux interminables de Montréal avec les fameux cônes orange. Nous riions et ils étaient tout enthousiastes de me parler de leur pays en me souhaitant de m'y plaire. Avec eux, j'ai appris les jurons du Québec qu'évidemment je ne disais pas avec l'accent convenable pour leur donner l'acuité nécessaire qui en confère le sens. De l'histoire du Canada à un aperçu exhaustif de la société montréalaise, nous n'avons pas vu le temps passer. Nous nous sommes quittés aux premières lueurs du soleil, quand le camp s'est remis à bouger davantage.

Nous étions prêts à partir. Direction YMCA Montréal. Un centre d'hébergement mis à notre disposition par le gouvernement. Plusieurs foyers étaient pleins, le stade olympique débordé. Lorsque le départ de notre groupe fut annoncé, il était plus de treize heures. Nos bagages déposés en arrière de l'autobus, c'est en rang que nous fîmes les derniers contrôles avant d'entrer dans cet autobus scolaire, soulagés et excités de partir de ce camp. Enfin! Assis à une fenêtre je regardai tout autour la frénésie de cette situation particulière qui n'avait pas fini de faire parler les médias. J'aperçus la responsable de la distribution des collations, Mme France, toujours active. On s'était parlé plus tôt et elle m'avait dit au revoir, remercié et encouragé, la larme à l'œil, mais tout aussi contente pour moi que les formalités à la frontière soient finies. L'autobus démarra et nous nous sommes progressivement éloignés de ces tentes, voitures de police, installations précaires barrières de sécurité qui ont été notre périmètre ces huit derniers jours. Les yeux toujours rivés à la fenêtre, je vis défiler les paysages de verdure, d'asphalte, de maisons, de camions, d'automobiles, de panneaux de signalisation, comme cherchant à imprimer dans mon cerveau le maximum de détails possible. C'est donc à ça que ressemble le Canada; le pays où je vais devoir vivre désormais, le pays de tous mes espoirs, celui où je vais devoir apprendre à me refaire une vie, plus digne, plus libre, loin des tracasseries politiques de mon pays, le pays où j'espère retrouver le goût de vivre, et un jour si tout va bien faire vivre mes enfants pour leur épargner les contraintes systématiques de ces pays sous-développés où manque la conscience de bien faire les choses pour le bien-être commun.

Un peu plus tard, les paysages de campagne laisseront place aux immeubles et aux grandes routes enchevêtrées, aux grands panneaux publicitaires et au foisonnement d'automobiles de différentes couleurs.

Montréal, nous voici.

Plus d'un an après

6

Arrivés à Montréal, on nous informa que le centre **YMCA** prévu ne prenait que les femmes enceintes et les femmes seules avec enfants. Nous étions invités à reprendre le bus qui nous emmènerait vers d'autres sites d'hébergement prévus à cet effet. Où ? Aucune précision n'a été donnée. Ceux qui pouvaient se loger auprès de proches, amis et autres étaient invités à signer un document et à partir avec la ferme recommandation de ne rien rater du processus. Les autres étaient convoyés vers les auberges et les centres d'accueil. Mais ma cohabitation avec la communauté de Lacolle s'arrêtait là. J'avais choisi de prendre ma route et de prendre en charge mon destin sur le sol qui venait de m'accueillir.

Nous nous sommes donc séparés, chacun dans sa main le document de demandeur d'asile qui était notre seule pièce d'identité et nous devrions poursuivre les formalités, prendre un avocat et entamer une autre étape du processus, selon les indications qui figuraient sur nos documents.

Une amie d'origine togolaise m'avait déjà recommandé de venir au Canada plus d'un an auparavant. Elle connaissait un peu mes déboires avec les autorités de mon pays et elle ne cessait de m'enjoindre de partir avant que cela ne devienne plus grave. J'avais un visa américain et je lui disais que je ne voulais pas entamer les procédures de demande de visa pour le Canada, alors qu'elle avait offert de m'y aider arguant que le Canada serait plus intéressant pour moi que les États unis. Je pensais pourtant que les États unis pouvaient m'accueillir tout autant que le Canada. Il faut avouer que c'était bien avant **Trump**. Lorsque j'ai traversé, je ne lui avais rien dit. Je n'avais rien dit à personne d'ailleurs ; je ne voulais inquiéter personne. Après les huit jours à **Lacolle** je n'avais qu'une envie prendre une vraie douche, pendant un temps, le plus long temps possible. C'est assis devant YMCA où j'ai retrouvé mon compatriote venu du Bénin par voie aérienne ; lui faisait du bénévolat justement à YMCA où il a habité un moment à son arrivée, que je l'ai appelée avec le téléphone de celui-ci. Elle a couru aussitôt, tout affolée, une foule de questions en tête sans doute. Moins de vingt minutes plus tard, elle est venue me chercher. J'ai donc atterri à Longueuil. J'ai donc pris ce bain. Hydro Québec doit s'en souvenir.

Je lui ai ensuite raconté tout le périple, combien j'ai enduré ce passage, comment avec beaucoup de résilience en effet j'ai supporté le passage, remettant tout en question et acceptant de subir un sort qu'au final j'avais choisi suivant mon intuition et les indications que j'avais en rêve. Là, oui je pouvais en rire, mais avec le recul, c'est clair que pour moi ce fut une terrible épreuve.

Elle a été d'une aide formidable. Elle m'a assisté dans mes différentes démarches : *mes recherches de logement, ouverture de compte en banque pour y recevoir mon aide sociale*, elle a été là pour me faire les recommandations utiles et lorsque j'avais des questions elle avait les réponses ou presque. Lorsque je lui ai demandé où je pouvais faire du bénévolat pour m'occuper et ne pas me tourner les pouces, elle m'a emmené au Centre de Bénévolat de la Rive Sud. Son aide et sa présence ont été utiles en tous points pour moi. Elle et ses enfants m'ont accueilli sur une terre où le sentiment de faire partie d'une famille ne m'était pas garanti, puisque je n'avais, ni ne connaissais personne.

Les gens font différentes choses pour toutes sortes de raisons. Ce qu'il faut garder quand les âmes se croisent c'est les bons souvenirs. Elle, ses enfants, ses amis, les enfants de ses amis, m'ont donné l'entourage que j'avais avant de partir en exil. Je chéris ces souvenirs bienheureux et je ne garde que ça. Il fait assez froid en vérité, pour qu'on ait besoin de devoir se rappeler les moments de véritable chaleur humaine. Rien n'effacera ma gratitude du soutien que j'ai reçu, des sourires que j'ai reçus, des instants que j'ai partagés. En une année il a fallu reconstituer un tissu familial autour de moi, pour être moins seul. Je n'ai pas eu à faire d'efforts. Ils étaient là. Combien de situations n'a-t-elle pas anticipées ? Réglées ? Évitées ? Sur chaque chemin de vie, il y a des étapes, mais il y a aussi des hommes et des femmes qui tiennent des rôles utiles et bénéfiques. Dans mon chemin de vie, elle m'a éclairé quand il le fallait. Peu importe ce qui arrive, la lumière au fond de soi qui nous caractérise ne peut jamais s'éteindre définitivement, elle est la preuve vivante qu'en dépit des raisons liées à un parcours douloureux, on peut et on doit toujours transcender pour garder vivace, la lumière d'humanité au fond de soi, fût-ce au prix d'un âpre combat qu'on ne gagne pas forcément tout le temps.

Les joies de la colocation je les trouverai sur la Rue Goyette à Longueuil. Quatre personnes d'horizons différents se retrouvent à partager un appartement et des espaces communs, la cuisine la salle de bains et un mini espace salon. Différents âges, différents parcours scolaires et professionnels, mais toujours une cordialité et un respect mutuels qui en ont fait un espace de vie agréable. Je suis resté là-bas dix mois avant d'emménager dans un appartement. Mais dès les premiers jours, je suis allé m'inscrire au centre de bénévolat pour offrir du temps. J'avais fait un premier rendez-vous avec mon avocat, un excellent qui m'a été recommandé par un frère de mon pays qui était justement de passage. Il m'a assuré de ses qualités pour avoir effectué des stages à son cabinet quand il était étudiant. Quand j'ai posé mon classeur sur son bureau avec mes documents de demande, les preuves classées, l'histoire écrite et la version numérique de tous les documents sur clé USB, il me demanda quel était le travail que je lui laissais à lui et à ses associés. De s'assurer que tout était conforme et de m'orienter à améliorer tout ça lui répondis-je. Ma demande de permis de travail effectuée, j'avais donc du temps pour m'impliquer en bénévolat, je fus invité à une séance de formation pour la semaine suivante.

À la formation, je découvris un organisme très bien structuré pour drainer les disponibilités des bénévoles vers les besoins des Organismes à but non lucratif, ils sont formés et sensibilisés à comprendre l'importance de leur apport et l'influence certaine que cela a dans la communauté. Formidable. Nous avons en-suite été invités à regarder dans les offres disponibles et à faire des choix. Ma question fut de savoir si aucun organisme n'avait besoin d'un appui en marketing communication et organisation d'événements, expliquant qu'il me serait plus facile de fournir des services directement dans mes compétences. On me demanda d'attendre et on m'expliqua que justement une offre venait d'arriver on cherche quelqu'un pour organiser une conférence publique et si ça m'intéresse je pouvais envoyer mon curriculum vitae. Ma réponse : «Bien sûr que ça m'intéresse, j'ai mon CV dans mon mail je vous le transfère tout de suite». Quelques heures plus tard, le Président de l'organisme de loisirs pour personnes aînées m'appela et nous prîmes rendez-vous pour le lendemain à 15 h.

C'est ici que commence ma rédemption, moi qui ai commis le péché de refuser la corruption dans mon pays et qui fut alors condamné à raser les murs jusqu'à l'exil forcé. Ici commence en quelque sorte ma réhabilitation parmi les hommes. Je viens d'un pays où être pertinent est un affront au chef de l'État et à ses ouailles, d'un pays où sans être d'une couleur politique convenable, il n'est pas question d'être dynamique sérieux et travailleur. J'avais fini par penser que j'aurais dû me taire, que j'aurais dû faire mal mes choses, sourire et voler, corrompre et me laisser corrompre. J'avais fini par douter de mes principes, par penser que j'étais trop scrupuleux pour réussir, d'ailleurs combien de fois ne m'a-t-on pas reproché d'être pertinent ? On m'a dit qu'à la question : comment penses-tu qu'on peut faire ce travail ? De mal répondre ou de feindre l'ignorance pour ne pas blesser mon interlocuteur qui se demanderait comment son fils à la maison n'est pas capable d'être aussi brillant. Je me rappelle d'ailleurs ce professeur d'économie à l'université qui dit au chef de l'État qu'il conseille que la seule façon de faire campagne c'est de distribuer des t-shirts et des billets neufs ; qu'il ne servait à rien de défendre un bilan qui existe bel et bien, ou même de vendre une vision qui peut bien être intéressante ! Cette intervention fit rire les gens à l'époque, mais moi j'étais outré. Une grave naïveté dans un système dans lequel je ne pourrai plus évoluer. Les événements suivants m'apprendront justement que nul dirigeant ne choisit ses collaborateurs au hasard.

7

Tous comptes faits, me voici à Longueuil face à un dirigeant
d'organisme communautaire qui souhaite faire une conférence
publique pour redonner de l'élan à ses membres et relancer leurs
activités. Je m'étais résolu de lui rendre service, au-delà même
de ses attentes. D'octobre 2017 au moment où j'écris ces lignes
en 2019, nous sommes toujours en affaire, passant de bénévole à
contractuel et en ce moment employé comme adjoint à la direction,
en charge de la communication, du développement communautaire et des relations publiques. Lors de notre première rencontre,
il me fit part de son idée d'inviter le commandant Robert Piché
en conférence à Longueuil pour attirer l'attention sur l'organisme
qui était en passe de fermer après des ennuis structurels et des
rumeurs de fermeture qui décourageaient beaucoup de membres.
Je lui avouai que je venais d'arriver, mais que je ferai tout mon
possible pour aider. Les deux présentations PowerPoint que je lui
envoyai le lendemain de notre rencontre finirent de le convaincre.
Le premier sur un audit communicationnel de l'organisme, le
second sur le positionnement utile à faire pour promouvoir la
conférence et faire d'autres plus tard. Il ne me lâchera plus. Et
moi non plus. Entre nos discussions politiques et philosophiques
autour d'un excellent café ou d'un cigare, nous avons travaillé à
faire de l'organisme La Maison Le Réveil un acteur dynamique du
milieu communautaire. La publicité gratuite de la Conférence de

Robert Piché obtenue au Journal de Montréal pour une valeur de plus de cinquante mille dollars acheva de le convaincre que je pouvais être utile. De cette conférence à tout ce que nous avons entrepris ensuite il y a eu des cafés bus, des réunions, des discussions, des situations particulières à gérer. Mon «succès» en tant que bénévole m'ouvrit la porte à la société canadienne du cancer où j'atterris comme responsable communications du Relais pour la Vie de Longueuil.

J'avais ces deux bénévolats en cours, la conférence de Robert Piché en préparation, le Relais pour la vie pour juin de l'année suivante, j'étais occupé, mais il me fallait un vrai travail rémunéré et j'attendais mon permis de travail. L'aide sociale de premier recours ne suffisait que pour le loyer et j'étais inscrit à une banque alimentaire où j'allais toutes les deux semaines chercher des provisions.

Mon permis de travail arriva avec les premières neiges de ma vie, celles du Québec étant particulièrement intenses. Je trouvai du travail comme vendeur dans un magasin de meubles d'occasion, parallèlement je fis une formation de cariste vu que c'était la majeure partie des postes disponibles sur les sites d'emplois. J'aimais vendre les meubles, mais je voulais un second travail pour gagner plus. Mon permis de conducteur de charriot élévateur en poche je m'inscris pour des postes offerts sur la Rive-Sud. Heureusement parce que trois semaines à peine après avoir été embauché comme vendeur, il a fallu la visite du PDG du groupe pour estimer que nous étions trop de vendeurs sur le plancher pour que le directeur vienne me dire sèchement que mon travail s'arrêtait là tout de suite, sans aucune forme de procès. J'étais choqué, je venais à peine de boucler ma seconde vente de la matinée et j'étais enthousiaste. Je n'ai rien compris. J'ai pensé à plein de choses je l'avoue, à un acte raciste en l'occurrence j'étais le seul noir sur le plancher, il y avait de quoi estimer que le choix porté sur moi pour réduire le nombre de vendeurs était purement raciste. Je dis au revoir à mes collègues et je partis prendre le bus. Je rentrai avec une bouteille de Laphroiag ce vendredi-là avec des questions sans réponses. Qu'allais-je faire ? Comment ? Je devais me ressaisir et me remettre à chercher des emplois ailleurs. J'avais quelques demandes en cours. Quand mon téléphone sonna et que je vis le nom du président de La Maison Le Réveil, je décrochai avec l'humeur massacrante qui était la mienne à cet instant, il me proposa de se voir pour souper le lendemain et qu'il viendra me prendre. Je raccrochai avec lui et je reçus un mail me demandant si je pouvais me rendre à un rendez-vous à Boucherville lundi après-midi pour un poste dans un entrepôt. Je m'empressai de répondre et je finis de me convaincre que la fin de ce travail était pour de meilleures opportunités avec l'entrepôt en question. Mais que pouvais bien me vouloir le président de La Maison Le Réveil ? Je conclus à un autre bénévolat et je me demandai comment cela se passerait alors que je dois travailler maintenant que je ne suis plus à l'aide sociale.

Le lendemain samedi, à l'heure du souper nous sommes allés dans un restaurant italien du Vieux Longueuil. Avez-vous déjà dit à quelqu'un qui vous demande comment vous allez, que vous venez juste la veille de perdre votre emploi et qu'il s'exclame super ça tombe bien ? Eh bien moi oui. Mes yeux étaient dehors, je voulais me lever et partir. Lui partit d'un rire et me déclara que l'objet du rendez-vous était de me faire une offre de travail rémunéré pour 20 h par semaine à La Maison Le Réveil. C'était le souhait du Conseil d'administration qui avait apprécié ma contribution pour l'organisation de la conférence du Commandant Robert Piché.

Mon soulagement était réel. Je négociai pour travailler que le matin parce que l'après-midi je voulais travailler en entrepôt, j'avais un permis de cariste à rentabiliser. Il m'avait coûté la moitié de mon aide sociale, je me suis perdu dans le froid et la neige avant même de retrouver le lieu de la formation. 70 % des offres d'emploi sur la Rive-Sud de Montréal et même partout au Québec étaient dans la manutention. Ce permis était un sésame pour trouver du travail à tout moment. Mes calculs étaient simples. Comme je ne recevais aucune réponse pour les offres d'emplois dans les domaines de ma compétence où j'avais de l'expérience à revendre, il me fallait faire cette formation pour vite trouver du travail et être actif. Aucune expérience de travail au Québec pour favoriser l'intégration facile dans les secteurs d'activités où la connaissance du terrain serait requise. Là où on avait besoin de bras, là était la seule possibilité de se faire embaucher. Dans d'immenses entrepôts, au travail à la chaîne à des rythmes frénétiques, une ambiance de Germinal, là où il faut être debout sept heures d'affilée à courir après les urgences de grands patrons installés chez eux dans le confort de leurs réussites. C'est ainsi que pendant trois mois j'avais cette espèce de vie sans vie, de travail de lundi au samedi à raison de 60 h de travail par semaine. À la maison le réveil, communication, marketing, etc. aucun problème c'est un environnement que je connaissais même si des particularités québécoises me manquaient. Travailler en entrepôt une nouvelle autre expérience que j'ai dû acquérir ici.

La Maison Le Réveil était une chance. Tout ce que j'avais à faire était d'inventer mon emploi moi-même en quelque sorte. Et il y avait tout à faire, et j'étais homme à tout faire. Redessiner les schémas de communication, maîtriser le milieu communautaire et aller à l'audace. J'y ai trouvé des fans absolus pour lesquels ma gratitude est garantie à vie, celle-ci et toutes celles d'après. Je ne peux pas tous les citer, mais ils savent. J'ai initié des choses qui avaient de l'allure pour eux. Nous partagions le défi de garder La Maison Le Réveil «plus ouverte que jamais», elle dont la fermeture avait été annoncée. Offrir du contenu lié à l'action de La Maison Le Réveil aux médias pour qu'ils en parlent a été une stratégie payante. Mobiliser les élus à des occasions intéressantes pour eux et profiter de leur capital de notoriété tout en renforçant le sentiment d'efficacité et de considération auprès des membres de l'organisme, mettre en place des initiatives originales pour se démarquer et prendre les devants de la défense des aînés, tout a été posé sur la table avec des succès certains.

De l'autre côté, l'entrepôt était pénible pour moi. Non que le travail à faire était difficile comparé à d'autres situations similaires; non que je n'avais pas très vite formé avec d'autres un cadre chaleureux de discussions et une ambiance de travail excellente; mais c'était pénible parce que j'avais la nette impression que mon travail n'avait pas de sens. Quand je fis plus tard de l'entretien ménager, j'avais plus de plaisir parce que je m'étais résolu à considérer que grâce à moi les lieux de travail de beaucoup de gens étaient propres et agréables. À l'entrepôt je maniais des objets dont je ne connaissais pas l'utilité, je faisais mécaniquement ce qu'on m'avait appris et je me concentrais à ne pas me tromper. Mais contrairement à La Maison Le Réveil où j'étais satisfait surtout de changer la vie des gens, mes autres emplois j'y allais juste pour gagner de l'argent et j'en étais malheureux. Je n'avais aucun complexe d'avoir quitté un palais de la présidence pour me retrouver dans un entrepôt avec un gilet jaune d'ouvrier, ou même à me retrouver pousser un charriot et faire les poubelles, le problème n'était pas là. Mon âme refusait absolument l'idée de travailler juste pour gagner de l'argent et payer des factures. Ce n'était définitivement pas compatible avec mon être intérieur et j'en étais malheureux.

8

Trois mois plus tard, pendant que je cumulais La Maison Le Réveil et l'entrepôt il s'est passé quelque chose de particulier qui me décida à tout laisser. Je venais d'obtenir de la Télévision locale, l'acceptation d'un projet d'émission télé que j'avais conçu. Il me fallait du temps pour organiser cela. Au même moment j'étais à la veille de finir mes trois mois d'essai à l'entrepôt et on me promettait d'être embauché, d'intégrer le syndicat et de voir ma paye augmenter de deux dollars par heure. Un samedi soir alors que j'étais assis à ma pause d'avant minuit, seul dans le vestiaire et je me mis à réfléchir. Lovejoyce, que fais-tu ici ? Est-ce pour cela que tu as traversé la frontière ? Es-tu venu pour t'accomplir ou pour t'enterrer dans un entrepôt où ta contribution n'avait aucun sens. Tout le périple de Roxham repassa devant mes yeux et je fondis en larmes. Je me mis à prier, demandant à tous les Dieux pourquoi j'étais ici un samedi nuit à effectuer un travail que je n'aimais pas. Dans ma tête cette question sévère et le ton qui allait avec : m'as-tu demandé avant de courir faire ton permis de cariste ? Ne t'es-tu pas précipité toi-même sûr de tes calculs ? Que me réclames-tu maintenant ? M'as-tu fait confiance ou as-tu fait confiance à tes calculs ? Je partis en larmes de plus belle et à haute voix entre deux sanglots j'admis m'être trompé et je demandai à ces Dieux que je priais de me sortir de là. C'est la sonnette de fin de pause qui me ramena à la réalité. Mais croyez-le ou non, et même mes collègues qui étaient là le soir peuvent le confirmer, mon badge a cessé de fonctionner et je suis resté bloqué dans le vestiaire, on a dû venir m'ouvrir. Interloqué est un mot faible pour décrire comment je me suis senti les minutes d'après. Je suis allé voir mon superviseur pour lui dire que j'allais partir que cette histoire de badge m'intriguait, il rigola et me demanda depuis quand j'étais superstitieux et paranoïaque. Je décidai de finir mon horaire et je verrai la suite. J'étais à quelques jours d'être confirmé et en plus j'avais trouvé une place pour travailler de lundi à vendredi comme je l'ai toujours demandé au lieu de mardi à samedi. Les syndicats imposaient que les postes vacants soient octroyés à celui d'entre les postulants qui avait plus d'ancienneté. Mais comme par hasard, le poste libéré que je voulais, personne d'autre que moi n'avait postulé. Je devais donc l'avoir et déjà tout le monde me disait chanceux. À mon retour au travail le mardi suivant le fameux samedi où mon badge a arrêté de fonctionner, je suis allé voir le superviseur principal pour lui expliquer le problème. Ils ont tout essayé pour le réactiver, rien n'y fit. On me donna un badge provisoire pour me permettre de travailler. Je demandai alors à quel moment ils allaient afficher que j'avais obtenu le poste de lundi à vendredi pour lequel je m'étais porté candidat. Et là le comble! Il me répondit que le poste avait été affecté à quelqu'un d'autre qui a été nouvellement engagé par l'entreprise et qui plus vient juste de commencer sa formation. Il m'expliqua que moi j'étais en contrat avec une agence de placement et que je ne suis pas encore employé chez eux et donc le poste a été donné à cette personne qu'eux-mêmes avaient embauchée directement. Je lui dis qu'il me restait trois jours de travail pour boucler ma période avec l'agence, il me répliqua que telles étaient les consignes. Il ne fallait plus rien d'autre pour me convaincre que mon passage en entrepôt finissait là, à cet instant. Je lui rendis le badge et je lui expliquai que je préférais arrêter le travail parce que je ne saurais supporter ce qui était pour moi une injustice. Mais au fond de moi je savais que mes prières du samedi passé avaient juste été exaucées. Le badge qui arrête de fonctionner un poste régulier de semaine ouvrable qui m'échappe, il est évident que dès lors mon destin était ailleurs. Je rentrai chez moi et j'envoyai un mail d'explication clair et précis et je considérai à cette date que mon aventure dans ce type de travail s'arrêtait là. La Maison Le Réveil et mon bénévolat pour le Relais pour la Vie de Longueuil contre le cancer, allaient occuper utilement mon temps.

Si après, je suis allé travailler comme agent d'entretien ménager, je savais que ma place n'était pas là. Et c'est sans aucun mépris ni aucune condescendance pour les millions de gens qui travaillent dans ces secteurs, j'y ai rencontré des gens formidables et j'avais du plaisir à échanger avec eux, j'ai découvert un fonctionnement cohérent avec des gens d'une finesse et d'une intelligence incomparables et j'ai d'ailleurs fait du ménage plusieurs fois ensuite préférant ce travail comme un deuxième emploi pour gagner plus d'argent. Mais moi je suis juste fait pour que chacun de mes actes vise le changement d'une situation de vulnérabilité, ou soit le fruit d'une certaine créativité. C'est dans ces formats-là que je m'exprime et ce sont ces formats-là qui me donnent l'envie de me lever et de sortir de chez moi. Mon esprit est en constante effusion et mon cerveau en permanente ébullition même quand je dors, alors je m'adapte difficilement à un travail automatisé, pour lequel je ne peux en plus ne pas avoir la considération d'utilité dont je fais mon moteur. Ceci me rappelle un jour où un de mes patrons à la Présidence de la République togolaise me conseilla de me rapprocher d'une femme influente du palais qui trouvait que j'étais particulièrement efficace, m'expliquant que c'était comme cela que je pouvais faire rapidement carrière en politique. Visiblement déjà lui et moi n'avions pas la même lecture du type d'influence de la dame en question, encore moins la même perception de l'opportunité de faire partie de son écurie. Je me suis entendu lui répondre : « Monsieur le Ministre, il existe deux types de personnes qui viennent en politique, ceux qui viennent pour le pouvoir et ceux qui viennent pour servir le peuple, je suis résolument de la seconde catégorie ». Je n'ai jamais dérogé à cette règle que je m'étais imposée : ne jamais m'investir entièrement que lorsque c'est utile pour les gens. L'argent et le pouvoir ne doivent servir en vérité que les gens autour de nous. Il ne sert à rien de posséder une fortune si on ne l'utilise pas pour créer de la richesse autour de soi en créant des emplois, en créant des opportunités qui permettent aux gens de se prendre en charge. Il ne sert à rien d'avoir du pouvoir si ce n'est pour l'exercer de façon à faciliter la vie des gens sur lesquels, ce pouvoir s'exerce, les gens d'ailleurs desquels, ce pouvoir émane. Vous n'avez de pouvoir que parce que les gens autour de vous vous concèdent l'autorité et la possibilité de l'exercer. Difficile lorsqu'on est convaincu de cela de fonctionner dans un milieu ou le contraire de cette règle, est LA règle.

9

En arrivant au Québec, au-delà des conditions difficiles de mon arrivée, mon implication communautaire s'est faite naturellement. J'avais envie de participer à la vie sociale. J'en avais besoin, pour avoir un sens de vie, une raison d'être. J'étais persuadé que ma venue ici dans ces conditions douloureuses n'était pas fortuite. La suite de mon parcours me donnera raison. La question des aînés. es devint pour moi une question quotidienne. Que pouvais-je faire pour améliorer ne serait-ce que l'information sur la question? Le développement de La Maison Le Réveil devrait être le tremplin à cette prise en compte d'une importante question de société. Le fondateur de cet organisme, Alfred Nolet, avait compris quelque chose il y a quarante ans, en mettant en place cet espace de loisirs pour permettre aux personnes aînées de se retrouver, de s'amuser, de s'impliquer bénévolement dans diverses occasions, et donc d'être moins seuls. Petite recherche sur internet sur Alfred Nolet, sa biographie parle de son action en Afrique. Devinez dans quels pays? Le Togo et le Cameroun. Togo? OK! Que me fallait-il de plus pour embrasser cette cause intégralement et d'en faire une préoccupation personnelle? Rien. D'ailleurs le Togo et le Cameroun partagent exclusivement une colonisation allemande, une histoire commune donc. C'est au lendemain de la Première Guerre mondiale que ces pays ont été partagés entre la France et le Royaume-Uni. Mon père a étudié le journalisme au Cameroun et mon prénom anglais vient de là, il y a trouvé des gens bilingues et s'est familiarisé avec la langue de Shakespeare. La Maison Le Réveil est devenue « chez moi ». Je la porterai partout cet organisme. Après la conférence de Robert Piché, il fallait faire d'autres choses, à commencer par en parler sur les médias. Ces derniers ont besoin d'une information structurée et d'occasions. Cela n'allait pas manquer. Plusieurs rencontres plus tard aboutiront à la création et à la production d'une émission télé « La Parole Aux Aînés » dès 2018, renouvelée en 2019. La création d'un label « Engagez-vous pour nos Aînés » pour fédérer l'ensemble des actions et déterminer pour La Maison Le Réveil un leadership en la matière. Tout cela se construit encore tout doucement, au rythme qu'imposent les différentes contraintes du processus. Il est toutefois évident que la lancée est bonne et que le développement est assuré. De mon engagement auprès des aînés et surtout de l'initiative de l'émission télé va découler mon élection au conseil d'administration du Journal communautaire Point Sud. De quoi ancrer davantage ma petite personne au cœur de l'action communautaire de la ville de Longueuil. J'ai pu rencontrer tellement de gens avec de bonnes énergies, de bonnes déterminations sur des causes diverses que je suis « né de nouveau » pour emprunter au vocabulaire religieux. J'ai été traité une fois de « simple demandeur d'asile » surtout que je ne m'en cachais pas. Je n'aurais pas cédé à l'hypocrisie de se faire passer pour ce que je n'étais pas et faire semblant d'être autre chose en effet qu'un simple demandeur d'asile. Dans la tête de la personne, c'est l'étage en dessous de la dignité humaine. Peut-être aussi pour des gens qui ne se l'avoueront pas. À Lacolle une fois un agent de sécurité nous avait interdit de ne pas dépasser le ruban jaune qui entourait le camp ; nous étions allés porter les poubelles. Il avait dit « au-delà du ruban c'était le Canada et nous n'étions pas encore autorisés à y entrer. Je lui avais demandé en retour de faire en sorte que les poubelles soient ramenées dans notre No Man's Land afin que nous ne franchissions plus illégalement la frontière. Un statut social ne détermine pas qui je suis. Alors j'avance en fonctionnant entièrement comme je peux le faire dans les limites de la loi. Et je fonctionne sans calculs nombrilistes. Je fais les choses que j'aime faire et je laisse l'univers décider des résultats que cela peut produire pour moi et pour les miens. Le plus difficile c'est pourtant d'investir tout son temps sans que cela ne rapporte pas grand-chose. Dans la difficulté financière, c'est le sentiment d'avoir abandonné les siens qui est le plus douloureux. En Afrique on attend de celui qui est en occident avec une monnaie forte d'être dispensateur de richesse. Ce – n'est – pas – du – tout – évident! Les miens l'apprendront bien difficilement et à leurs dépens. Mais je rends grâce à la providence qui s'est toujours manifestée de différentes manières. Mais il m'a fallu faire des choix complexes, sacrifier des devoirs pour tenir debout et rester concentré sur ma vie ici, continuer à faire en sorte de me refaire; tant bien que mal. Pour me consoler je me dis que plus vite je serai à nouveau sur pied, plus vite je serai utile et de façon plus convenable que je ne l'ai jamais été, espérant que le sol canadien soit plus clément que ne l'a été la terre de mes aïeux, soumise qu'elle est depuis trop longtemps à une dynamique improductive née de la colonisation avec sa cohorte de destruction culturelle et sociale qui ont à jamais mis l'Afrique à genoux. Sauf réel sursaut que j'appelle chaque jour de mes vœux.

10

Longueuil, Québec. Ce n'est pas seulement la ville où j'habite et travaille ; pas seulement l'endroit où je vis avec toutes mes implications communautaires, les Aînés, le Point Sud, Le Relais pour la Vie, les élus municipaux, provinciaux et fédéraux que je croise dans l'exercice de mes fonctions ou lors d'occasions publiques. Longueuil c'est là où je renais, avec le sentiment profond d'appartenir véritablement à ce territoire, comme si j'avais toujours été là. Et pourtant je n'y ai pas de fréquentation en dehors du Café Crème, cet endroit chaleureux où j'ai un gros soulagement de me présenter, de prendre un café enfoncé dans un des gros vieux fauteuils, ou même de travailler sur mon ordinateur en écoutant de la bonne vieille musique des années cinquante. Ce café est un « Paradis » pour moi, dans l'accueil de l'équipe, dans l'interaction régulière autour de mon café, dans le goût du latte au lait d'amande et l'aigre-doux des brocolis, j'ai le sentiment d'être chez moi. J'ai trouvé les Québécois bien chaleureux en vérité. Mais on aurait dit que l'équipe du Café crème dispose d'une torréfaction supplémentaire. Je pourrais passer des heures là sans envie de partir, revenir le lendemain avec la même ferveur. J'ai écrit un article dans le Point Sud sur cet endroit, disant que l'une des raisons de traverser le pont Jacques-Cartier c'est bien le Café Crème et je le pense tellement. Pourtant j'ai essayé d'autres cafés, et d'autres bistrots, rien de comparable à date. C'est toute la ville qui me correspond; Longueuil, si calme, mais tout aussi active quand on sait quoi faire, et où. Ne me demandez pas si je parle de Longueuil, du Vieux-Longueuil ou de l'Agglomération de Longueuil, pire de toutes les rues Longueuil qu'on peut trouver partout au Québec. Le Québec, cette province canadienne si particulière qu'elle revendique depuis cinquante ans son indépendance ou sa souveraineté – c'est selon – aime beaucoup répéter les mêmes noms de rue partout et si on n'y prend garde, le GPS peut vous mener loin, très loin de votre destination réelle. Mais ce n'est pas le plus dur. Pour beaucoup de nouveaux arrivants francophones, c'est bien l'accent et le vocabulaire québécois qui sont les premiers défis. Moi, enfant de la télé et particulièrement de la télé française, j'ai eu le privilège d'avoir connu «les têtes à claques» l'accent de Garou, de Céline Dion et les blagues en québécois de Kavanagh avant d'arriver. C'est dire combien mes oreilles étaient préparées. Mon apprentissage se fera uniquement sur les gros mots, les «sacres» dit-on. Suis-je autorisé ici à les énoncer sans censure? Je crois que oui. Le mieux est de citer le «Chant sacré» de Laurent Paquin cet humoriste québécois qui a rassemblé les jurons en une ritournelle qui ne vous sort plus de la tête dès que vous l'avez écoutée. Sachez-le je le chante en ce moment même :

« Esti d'crisse de tabarnak, esti d'calisse de viarge
Esti d'calvère, esti d'siboire, calisse de tabarnak
Esti d'calisse de sacrement, siboire de saint d'esti »

Ces jurons sont issus de la Révolution tranquille, une période particulière de l'histoire du Québec, où l'État a repris ses droits sur l'Église catholique et a étendu ses prérogatives à des domaines particuliers de la société, permettant ensuite l'édification d'une identité nationale propre au Québec, et l'érection de principes fondamentaux qui déterminent l'action publique, telle la laïcité. Pour l'enfant de chœur que j'étais et venant d'un pays où l'église reste influente sur la nation, entendre le vocabulaire religieux en lieu et place de jurons plus explicites, ça fait sourire. Puis les jours passent et on arrive à un niveau d'intégration tel que, le mot «Christ» ne fait plus tant sourire. Et on se surprend soi-même à les prononcer ainsi que d'autres expressions typiques du pays le plus français d'Amérique du Nord. On se surprend à remplacer des expressions usuelles depuis une trentaine d'années à des nouvelles plus pratiques sur le territoire où on se trouve. Lorsque par exemple on vous dit merci, répondre «bienvenue» au lieu de l'habituel «de rien», changer le «ça va» avec le «c'est correct», parler d'un «dîner» à midi au lieu d'un «déjeuner», etc. Mais en irréductible «gaulois» – la colonisation nous a enseigné en Afrique à parler de «nos ancêtres les Gaulois» – en Astérix Togolais donc, je résiste au «tu veux-tu». Avec toute l'énergie possible, Je me suis fait la promesse de ne jamais utiliser cette formule, moi qui sors désormais le «pas en toute» (lisez *pantoute*) avec une dégaine si naturelle que je ris de moi-même.

Mais comment est-ce possible de s'assimiler aussi facilement Lovejoyce? Dans les pages qui vont suivre je vais parler de mon expérience d'intégration et décrire comment cela s'est produit aussi vite, trop vite à mon sens surtout quand sib**** me vient à la bouche comme un réflexe.

11

Dans le processus d'immigration, la question de l'intégration se pose doublement. À la fois à ceux qui arrivent, mais également à ceux qui accueillent. Pour les premiers, « ils doivent s'intégrer », les seconds « doivent intégrer ». Ce n'est absolument pas une obligation sous peine de contrainte, mais une obligation déterminante pour ériger une société harmonieuse. Il y a autant de bonnes raisons d'émigrer pour ceux qui partent que de bonnes raisons d'accepter d'accueillir pour ceux qui sont sur place. Pour les migrants, la recherche d'une meilleure éducation, d'un meilleur travail, d'un meilleur cadre de vie, d'un asile ; pour les populations locales, la richesse de la diversité, de la main-d'œuvre pour l'économie, le renforcement du tissu social. Chacun peut trouver différentes raisons qui rendent l'idée de l'immigration intéressante. C'est face à la question de l'intégration, que se heurtent les sensibilités.

Le migrant vient avec un formatage déjà fait, une conception de lui-même, des valeurs, une culture, une éducation, des croyances et – n'ayons pas peur des mots – une race, une nature qui lui sont propres. Il vient pour faire désormais partie d'une société qui déjà, dispose d'un socle de valeurs, d'une culture, d'un type d'éducation, et d'une histoire qui lui sont bien particuliers. À la rencontre de ces différences, naît un affrontement qui crée la problématique de l'intégration. Quand pour les migrants le sentiment d'intolérance et celui d'être obligé de se dénaturer pour être accepté sont éprouvés, les populations locales se sentent envahies, bousculées, oppressées par tout ce qui ne leur ressemble pas et ils se refusent à se laisser métamorphoser.

L'intégration suppose l'insertion dans un ensemble cohérent. Pour le migrant c'est arriver à faire partie de son pays d'accueil en s'y conformant et en se soumettant aux lois en vigueur. Pour le pays hôte, c'est faire en sorte que ceux qui arrivent trouvent la possibilité de s'installer et de faire partie de la société. La pratique n'est pas toujours aisée, d'un côté comme de l'autre.

En arrivant aux États-Unis, outre le rêve qui m'a fait tenter le passage à Roxham, c'est l'analyse de la société américaine telle qu'elle se comporte depuis un moment qui a contribué à me décider pour le Québec. Il faut dire que les processus de demande d'asile aux USA sont un long chemin du combattant, bien plus difficile apparemment que celui du Canada, cette impression assez nette, issue de l'observation de plusieurs cas, que les demandeurs d'asile sont confinés à un permis de travail renouvelé sans cesse, tandis que l'administration américaine ne doit aucun compte à personne pour les délais exagérés de traitement, les niveaux de décision qui ne sont pas des plus transparents, et les frais d'avocats qui peuvent s'accumuler sans que réellement une solution rapide soit trouvée. Pendant ce temps, l'instabilité du statut du demandeur d'asile ne fait que renforcer la pénibilité de sa situation. L'avènement du Président Trump avec son discours négatif sur les immigrants n'a eu de cesse de renforcer les intolérances et les rejets. La situation des noirs américains et les situations flagrantes de racisme d'état, couplées aux excès dus à la prolifération des armes ne donnaient pas réellement envie de faire partie de ce genre de société. Beaucoup de citoyens américains issus de l'immigration déclaraient d'ailleurs

leurs difficultés d'intégration liées à leur accent qui nettement n'était pas perçu comme de l'anglais américain authentique, l'impossibilité dans plusieurs cas d'être retenus selon leurs compétences, à cause du refus institutionnel de leurs diplômes dans différents cursus, dûment obtenus pourtant. Ils n'ont de réels choix que pour certains emplois pas toujours des plus valorisants. À part que pour un citoyen francophone, le Québec s'avérait plus facile à intégrer que d'autres sociétés nord-américaines, il faut avouer que l'harmonisation des compétences est un problème tout aussi réel au Québec, même si la politique d'immigration ici est l'une des plus tolérantes.

Il n'en demeure pas moins que les défis de l'intégration se posent avec tout autant d'acuité que partout ailleurs, dans les pays disons sous pression migratoire. L'afflux de personnes de divers horizons change certainement le paysage usuel. Des communautés se créent et malheureusement se ghettoïsent. Ces communautés ensuite revendiquent leur différence au nom des principes de liberté et des lois nationales et internationales qui régissent le monde « civilisé ». La question de l'intégration se pose alors de façon conflictuelle, chacun tirant le drap de son bord et trouvant des arguments logiques d'un côté comme de l'autre pour justifier sa position. J'en veux pour preuve l'actuelle question de laïcité qui remue la société québécoise. On pourrait en reparler.

La terre québécoise s'est avérée pour moi plus qu'une terre d'asile. J'y ai trouvé d'emblée une terre d'accueil, rassuré à mon arrivée par le discours différent de celui des États-Unis, par l'accueil qu'on réservait à ceux qui pourtant franchissaient illégalement la frontière, par le côté paisible de cette société qui n'était en rien, rythmée par les faits divers de meurtres et de coups de feu ici et là. J'y ai trouvé une ultime occasion de renaître, une chance de survie pour un condamné à mort ; et j'ai décidé de la saisir. Il me fallait savoir comment fonctionne le pays. Je me suis abonné à tous les comptes Twitter des médias, des journalistes, des hommes politiques, des acteurs sociaux. J'avais proscrit la télé dans mon espace privé depuis 2014 et j'ai continué à respecter cette règle malgré que j'en aie une dans la chambre que je louais. Twitter, Google et Wikipédia allaient être suffisants à me donner une information complète sur les sujets qui m'intéressaient. Et quand j'ai commencé mon bénévolat, ma curiosité pour tout ce qui concerne le Québec, le Canada, Longueuil, etc. était telle que je bombardais mes interlocuteurs de questions, et nous discutions de différents sujets de société. Et justement, faire du bénévolat m'a aidé non seulement à occuper mon temps en le donnant pour des enjeux de société, mais également à comprendre et maîtriser ces enjeux-là, facilitant de la sorte mon intégration. J'ai donc appris sur le Cancer, sur la situation des Aînés en bénévolat d'abord et professionnellement ensuite ; J'ai travaillé en petite enfance, en persévérance scolaire et réussite éducative ; je côtoie bien évidemment la question de l'inter-culturalisme et de l'intégration des minorités, au sein d'un comité consultatif de la ville de Longueuil. J'ai ainsi compris les différents niveaux de gouvernement et les prérogatives qui y sont associés. Au contact des Québécois j'ai développé mon ouïe à l'accent et ma compréhension des mots et expressions totalement nouveaux à mon vocabulaire, pourtant tout aussi français. Ces engagements et ces curiosités mont épargné l'automatique repli communautariste que j'ai observé chez d'autres, qui se sont retrouvés avec leurs semblables, au sein de communautés homogènes qui se ferment de ce fait à l'intégration. C'est ce repli qui détermine et/ou renforce le sentiment de rejet. Je n'ai pas connu cela. Et d'ailleurs je me suis refusé à ce faire. Les façons de faire dans les communautés, le langage, les échanges et discussions sont forcément et définitivement en marge de la société qu'on est sensés intégrer. C'est un recroquevillement sur soi qui ne permet pas l'intégration facile dans le pays d'accueil, pire il rend difficile l'enrichissement de celui-ci par les valeurs dont sont porteurs les nouveaux arrivants.

Mon expérience me fait penser que la peur du rejet est la raison de ce communautarisme. Ce sentiment de rejet vient du recul instinctif que manifestent les populations locales face à la différence. Et ce ne sont pas les médias *mainstream* qui vont aider à régler ces perceptions souvent erronées, à force de répéter leurs informations formatées.

Le nouvel arrivant, ignorant de comment fonctionne le pays d'accueil, cherche refuge dans une communauté qui lui ressemble, pour y trouver des repères qui lui manqueraient. Il s'immerge alors dans l'opinion entendue et admise dans sa communauté comme vraie. Il ne fera que rarement sa propre expérience. Il se retrouvera dans le quartier où il a des proches desquels il espère proximité et assistance. C'est ainsi que naissent les ghettos. Le citoyen lambda qui voit arriver dans son espace usuel, de nouveaux visages, par crainte de l'inconnu n'ira pas vers le nouvel arrivant, il se contentera de loin de perceptions approximatives, souvent totalement infondées, renforcées maladroitement par des circonstances et des médias à l'affût de l'audience et sous le joug de forces pas des plus honnêtes ; la construction par les médias d'une opinion qui justifie l'impérialisme et les excès du capitalisme est un secret de polichinelle de nos jours.

Tout compte fait, ces deux perceptions et fonctionnements erronés et distants ne favoriseront jamais une mise en commun de gens différents se retrouvant sur un même territoire, en vue de former un ensemble harmonieux. Il faut trouver une façon de les faire se rencontrer. Pour ma part, la démarche que j'ai eue d'aller à la rencontre de la société qui m'accueillait, prendre sur moi de me renseigner pour vite comprendre son histoire et son fonctionnement ont été les leviers de mon intégration. Mon ouverture et ma curiosité ont permis à ceux que je rencontrais de me poser des questions, des fois très maladroites. Mes réponses ont édifié plus d'un, dissipé nombre de malentendus, et enrichis plusieurs, de notions qu'ils ignoraient et qui ne font pas partie du discours public. Le racisme naît de l'ignorance. Seule la connaissance affranchit l'intelligence humaine de cette prison.

Quand dans les communautarismes on se renferme sur des fausses perceptions souvent, qu'on se constitue sans peut être faire exprès, une sorte de bloc imperméable qu'ensuite on veut imposer au pays d'accueil, on ne peut s'étonner du refus systématique qu'on reçoit en retour.

Quand le fait de fonctionner en ghetto renforce pour le pays d'accueil le sentiment d'être envahi et suscite en réponse un fonctionnement restrictif pour y remédier ; quand, à défaut de s'intégrer dans le pays d'accueil, on préfère plus facilement s'intégrer dans une communauté où l'on est rassuré par des repères connus, il va sans dire que l'intégration n'est plus possible en vérité.

Je ne dis pas que les gens qui se retrouvent sur un territoire et qui partagent des affinités n'ont pas le droit de se rencontrer, de s'épauler, de s'entraider. Je dis juste que la création de communautés distinctes de celles qu'ils sont censés intégrer renforce leur isolement et nourrit les rejets. J'ai souvent donné l'impression d'être là depuis longtemps à force de m'être imposé l'apprentissage au quotidien de l'histoire, de la culture et des expressions du Québec.

Il le fallait, pour comprendre ce que je devais faire dans le cadre de mon travail. Mais c'était pour moi aussi une façon d'éviter de me sentir exclu. S'il m'est impossible de quitter ce territoire d'asile avant ma régularisation, alors il faut faire partie de la société, le plus rapidement possible. En plus j'aimais le Québec, j'aimais Longueuil, je me sentais bien, chez moi presque. Les miens me manquent c'est sûr, mais ici je suis libre, soulagé des craintes que j'avais tous les jours, prêt à tout faire pour renaître. Plus vite je comprends le fonctionnement du Québec, plus vite je trouve mes repères et plus vite je trace ma route. Pour comprendre le Québec dans ses rapports avec le Canada, j'ai lu sur René Lévesque, je me suis approché du Parti Québécois et du Bloc Québécois. J'ai approché les fédéralistes aussi, dont les plus modérés qui défendent ardemment l'idée d'un Québec fonctionnel dans l'ensemble harmonisé du Canada. Pour moi Québec ou Canada je ne suis pas encore à l'heure du choix parce que je ne me sens pas légitime de me prononcer. Le pays qui m'accueille c'est le Canada. Et je trouve que ce n'est guère fortuit si l'hymne du Togo d'où je viens commence par « Salut à toi Pays de nos aïeux » et celui du Canada commence par « Ô Canada, terre de nos aïeux ».

12

Me voici, désormais, « reçu sur le banc » selon l'expression consacrée, c'est-à-dire accepté comme réfugié à la première audience, et engagé dans le processus d'obtention de la carte de résident permanent. Un autre round. Quatre ans se sont déjà écoulés, pendant lesquels je n'ai pas eu de statut confortable, où j'ai connu des situations toutes aussi heureuses qu'inconfortables. Je ne retiens que les meilleures. Les déceptions, qu'elles viennent des gens en qui on croyait, que l'on prenait à tort comme des proches, auxquels on s'est autorisé des confidences, ou même que ces déceptions sont le fruit de hasards indélicats ou de difficultés ordinaires de vie, ne doivent pas nous façonner. Elles font partie de notre parcours certes, mais ne doivent pas faire partie de notre état d'esprit. En faisant le choix, sous contrainte certainement, de laisser une vie derrière moi et partir tenter de sauver ce qui en reste et espérer réparer ce qui peut l'être, j'avais conscience que je ne partais pas en villégiature. Alors les situations indélicates je les ai affrontées et j'ai su me réjouir des accomplissements également. Le statut de demandeur d'asile n'a pas été un frein pour moi ni une honte. J'ai été moi. J'ai fait ce que j'avais à faire dans la limite de mes moyens. J'ai profité de chaque occasion, de chaque opportunité même si des fois, trop souvent d'ailleurs à mon goût, je ressentais à l'intérieur de moi la fragilité de ma situation et j'en souffrais. Mais dois-je pour autant me refuser d'être fier

de ce que j'ai accompli en tant que «citoyen» de Longueuil?
En tant qu'acteur communautaire? Absolument non. J'ouvre les
yeux et je me refuse de voir des coïncidences ou des hasards, je
vois un chemin tracé par une sorte de destinée. Quand dans le
cadre de la deuxième saison de l'émission La Parole Aux Aînés
que j'ai conçue pour rendre compte de la situation des aîné.es
de l'agglomération de Longueuil, j'ai eu à prendre une photo
avec le Premier ministre François Legault, je me suis fait dire sur
un ton amusé que «pour un sans-papiers tu es drôlement bien
entouré», au lieu de m'en offusquer j'en ai ri d'abord; puis j'ai
pris conscience que ce n'était pas rien. Et tout ce beau monde
d'ici que je croise et qui m'aime bien? Députés (fédéraux, provinciaux), Élus municipaux, Acteurs communautaires, etc. loin
de penser aux quolibets qui sont l'apanage d'esprits étriqués qui,
sans aucune autocritique, se permettent de donner un avis négatif
sur mon parcours, je préfère voir une expérience édifiante, un
parcours atypique dont les leçons finiront certainement par me
servir, ou servir à d'autres.

Partir loin de chez soi, loin de la terre où l'on a vu le jour et qui a
nourri son enfance, est chose terrible. L'attachement demeure et le
déchirement est certain. C'est Corneille qui chantait qu'«*un bout
de terre n'a jamais fait chez soi*». Avec l'expérience on comprend. La
difficulté des migrants d'être pris entre deux patries et de devoir
choisir, de décider ce qu'ils doivent célébrer et ce qu'ils doivent
abandonner, trancher entre les citoyens qu'ils étaient et ceux
qu'ils doivent être. Je comprends aujourd'hui à l'expérience, la
souffrance intime de ceux qui sont partagés entre une éducation,
une culture, pire une religion, et le respect de la loi sur la terre
d'accueil. Comment c'est douloureux pour eux lorsque certaines
décisions semblent les viser et les écarter, quand bien entendu la

politique s'en mêle pour plus exacerber les positions partisanes que de faire une réelle pédagogie en la matière. La question de la laïcité au Québec avec en ligne de mire, le port du voile. Je ne parlerai pas au nom des musulmans qui se sentent touchés par cette loi et qui s'en plaignent. Le fait religieux est si superficiel en vérité qu'on peut bien croire que la foi se fonde sur un certain nombre d'aspects extérieurs, au détriment, ou en plus d'une réelle inflexion intérieure pour le bien et la divinité. L'histoire de la Révolution tranquille au Québec justifie amplement que cette société qui a connu les affres de la religion ne veuille en aucun cas permettre l'immixtion d'aucune religion dans la sphère de l'autorité étatique. Il n'est pas question d'interdire la pratique de la religion, mais juste de proscrire toute forme d'influence de celle-ci dans l'exercice de l'autorité de l'État. Était-ce une bonne idée d'indexer dans le discours de présentation de la loi et de cette façon si particulière le voile islamique ? Dans un contexte international frileux sur la question de l'islam avec les nombreux amalgames ? Sans doute non. Le drame pour les musulmans c'est l'affichage et l'indexation médiatiques constants. Cette loi s'applique à toutes les religions et il faudrait même qu'on pousse la discussion pour déterminer justement si le voile est un signe religieux ou culturel. Et la discussion pourrait certainement s'allonger. Si cette loi s'applique bien à tous, alors toutes les polémiques sont vaines. Dans une société qui se veut cohérente, voter des lois qui respectent les intérêts de tous sans mettre en péril le vivre ensemble, est la prérogative des gouvernants qui l'exercent durant leur mandat. C'est faire entorse aux principes de l'intégration que de s'opposer aux lois de la terre d'accueil, lorsqu'elles ne sont pas discriminatoires et ne remettent pas en cause les libertés fondamentales de l'individu. La séparation de l'État et des religions est un combat que les Québécois ont gagné depuis les années 60. Proscrire tout affichage religieux dans l'exercice d'une fonction en lien avec l'autorité de l'État découle bien logiquement de ce devoir de séparation. Dans le privé on peut bien vivre sa foi sans que cela pose un problème. Pour l'heure c'est l'interprétation qui est faite de cette disposition qu'il faut corriger.

C'est à ces situations que conduit l'immigration. Pas parce que des populations de mœurs différentes arrivent sur un territoire, mais parce que c'est ainsi que des peuples différents se sont retrouvés sur des territoires à travers l'histoire, avant de former des ensembles assez homogènes. Parce que les immigrants viennent après avoir été modelés par d'autres sociétés, d'autres cultures, d'autres traditions, et des perceptions différentes des mêmes réalités. Quand pour le Québécois, la religion ce n'est pas grand-chose, pour l'autre qui arrive, la religion c'est tout. Et ce sont plusieurs éléments de la vie qu'il faut analyser comme cela, point par point, et essayer de trouver des solutions appropriées, pour arriver à tirer parti des mouvements migratoires, tant pour les nations d'accueil, que pour les individus qui se déplacent.

Aujourd'hui

J'avais mis un point final à mon récit à l'été 2019 et j'ai entrepris alors d'envoyer mon manuscrit à chaque fois que j'ai cru qu'il y avait une opportunité de publication. Certains ont lu le manuscrit et m'ont encouragé parce qu'ils l'ont trouvé intéressant à lire. Mais à chaque fois que je croyais qu'il serait enfin publié, j'ai été déçu pour différentes raisons qu'il serait superflu d'évoquer ici. Mais je souhaite parler de la déception. Ce sentiment intime à tout immigré dont le parcours administratif, judiciaire, son parcours d'intégration, d'acceptation sont tous pavés de déceptions douloureuses à souhait, qu'il lui faut transcender pour continuer d'espérer le bout du tunnel. Immigrer c'est la traversée d'un désert où le soleil des déceptions règne en maître. Se retourner c'est se changer en statue de sel, il faut avancer avec la seule pensée que tout finirait lorsque l'on sera régularisé. De démarche administrative en démarche administrative, on meurt à petit feu de chaque déception que l'on subit. De ces choses qu'on ne peut faire parce que « sans-papiers », de ce regret du pays qu'on a quitté que l'on ressent lorsque l'on est rejeté pour x raisons, de ces tentatives d'intégrations qui sont rejetées par des actes innocents parfois, la déception de l'impression de n'être digne d'aucune patrie, celle de naissance d'où on est parti, ou celle de l'accueil qui rechigne à nous ouvrir les bras. La déception est permanente quand on est immigré : le savoir n'en réduit pas la virulence. C'est une souffrance que seule la foi ferme en un avenir meilleur permet de supporter. C'est la conviction qu'une destinée est en création et la confiance que l'on a dans le processus qui nous maintiennent en vie, les yeux rivés sur l'aboutissement. La santé mentale en prend un coup. Quand nos cultures africaines minimisent l'existence même du problème de santé mentale et en ignorent les effets, ici on finit par se résoudre à l'idée qu'on est affecté. Les informations nombreuses sur le sujet nous édifient à un moment donné, et l'on se rend compte de ce qui arrive à notre mental. Les tristesses accumulées que les larmes ne sèchent qu'à peine, les sanglots avalés qui ne se rassasient jamais, ce cœur meurtri que l'on ravive à l'eau-de-vie un peu trop souvent, l'hiver et la solitude qui n'arrangent pas les choses ; on finit par admettre que l'on est affecté et qu'on a besoin d'aide. C'est dur.

En ajoutant ce paragraphe alors que nous sommes en pleine pandémie de la COVID-19, que les emplois sont devenus précaires, que la société est à fleur de peau, j'attends encore ma résidence permanente pour être *libre enfin*. Mais je pense à tous ceux qui sont encore au début du processus, je pense à ceux qui ont été rejetés et qui attendent d'être réentendus. Je pense à ceux qui étaient sur le départ, mais les frontières se sont fermées sur leurs rêves. L'émergence d'un sujet polémique comme celui du *racisme systémique* n'arrange rien dans une société où les individus ont été séparés par la contrainte d'un virus mortel. Elle va certainement être brisée à force. Mais les comportements et les aveux sont là. Le système est vicié et les racines du racisme sont profondes. Parler de tous les racismes et pas seulement du racisme anti-noir n'en décrit que davantage la virulence de ce pouvoir établi pour quelques-uns, sur tous les autres dans une société pourtant plurielle. Beaucoup voudraient qu'on garde un voile prude sur le sujet pour ne pas éveiller de vieux démons ; beaucoup veulent plutôt qu'on en parle pour qu'on trouve une solution définitive. Mais l'Amérique du Nord regarde à peine dans son rétroviseur, et se refuse de pleurer sur un passé raciste et un présent de confrontations constantes entre les races. Les États-Unis sont le théâtre à ciel ouvert de cette pensée raciste et cela est inquiétant. Au Canada, c'est le profilage racial qui semble être le souci, à la fois contre les noirs, les autochtones et contre les Asiatiques. Toutes les vies sont valables et il ne faut jamais cesser de l'affirmer. Pour un immigrant ce sujet inquiète. Comment espérer une meilleure vie si le système est orienté de la sorte ? On ne parle plus d'actes, de gestes ou de comportements déplacés de quelques-uns, mais d'un système qui n'intègre pas, qui exploite et rejette, qui méprise et sanctionne, sur le fondement d'un seul motif : la race. La déception. Je me suis fait à l'idée que si j'avais des difficultés à m'intégrer, à garder un emploi longtemps c'était à cause d'un déficit d'adaptation de ma part. Alors je mettais les bouchées doubles pour y arriver. Je me suis promis de retourner à l'école pour régulariser mes formations par des diplômes d'ici. J'enchaîne les implications bénévoles ici et là pour être à jour. Certains propos insidieux dans le cadre du travail tendent trop souvent à insinuer que je ne peux pas ; parce que je n'étais pas d'ici, né ici. Tout ce que je demande c'est une chance de me faire ici et de faire partie d'ici. Être immigrant à un certain âge, lorsque l'on a mûri dans un fonctionnement parti- culier, on ne change pas dans un claquement de doigts comme par enchantement. Je comprends alors comment se forment les ghettos de communautés. On parle d'ouverture à l'immigration seulement avec des arguments économiques. Il y a du travail et on a besoin de main d'œuvre. Mais l'ouverture à d'autres cultures reste à faire, surtout en dehors des folklores culturels et des quotas de représentativité. C'est encore de l'esclavage si l'on pense que les immigrants ne sont que des *mains-d'œuvre* et des réfugiés qui, pour avoir trouvé mieux que ce qu'ils ont fui, leur reconnaissance en silence est requise. Ce sont des vies, des énergies qui doivent se rassembler pour former la réelle diversité dont on parle. Les vies sont des mouvements et elles vont finir par s'adapter même si elles conservent encore un peu d'authenticité forgée par leurs années dans des cultures et des traditions différentes.

C'est dans cette ambiance difficile de confinement, de couvre-feu, de distanciation sociale et de débats sur le racisme systémique que le nouveau ministre responsable de la lutte contre le racisme va être nommé. *Benoit Charette*, c'est son nom, est le ministre du gouvernement Legault qui a bénéficié de la présentation la plus maladroite à laquelle j'ai eu à assister. Expliquer que s'il est blanc et porteur de cette thématique, c'est parce qu'il aura *entre autres à s'adresser aux Québécois de souche, blancs*, et qu'entre-temps *sa femme étant d'origine haïtienne il connaissait les questions de discrimination de près*. La polémique était naturellement au rendez-vous. D'aucuns y ont vu la marque d'un système profondément dépassé qui refuse toujours de se transformer en donnant la responsabilité d'un pareil sujet a un *homme blanc*, alors qu'il existe bien de gens issus des communautés capables de faire un travail complet, de faire remonter la somme des exactions et des discriminations subies par les personnes racisées, et de proposer des pistes solides d'amélioration. J'y ai longuement réfléchi. J'ai voulu céder aux sirènes qui laissent penser que l'intégration est plus simple et plus avantageuse pour les immigrants dans le Canada anglais. Les autres provinces n'hésitent pas à faire des publicités pour tacler ouvertement ce manque d'ouverture du Québec qui en réponse fait l'autruche. Beaucoup de gens que je connais qui sont ici depuis dix quinze ans, ont fini par partir et ils m'ont expliqué combien l'ascenseur social ne s'ouvre pas pour les personnes racisées au Québec. Je vois même parfois, dans des freins que je rencontre dans mon parcours malgré mes efforts, des signes réels de cet ascenseur bloqué pour tous ceux qui arrivent, et dont les couloirs ne les conduisent que vers les fonctions non élitistes de la société. À prendre ou à laisser. Les dernières tentatives de réformes pour restreindre l'accès à la résidence permanente aux étudiants qui ont étudié dans d'autres champs que la *plomberie* et la *soudure* sont-elles la preuve que cette société québécoise a des besoins d'immigration bien précis ? *L'immigration choisie,* comme disent leurs cousins d'Europe ?

Je me refuse à cette idée. Certains ne choisissent pas de partir de chez eux. Si la vie les porte vers d'autres territoires, gageons que c'est pour une excellente raison et soyons tolérants. J'ai justement croisé beaucoup de gens formidables, dont le comportement et l'accueil m'ont fait espérer d'être bien ici. Les apparences sont peut-être trompeuses au Québec, mais elles doivent l'être sûrement aussi pour les autres provinces dont on ignore le fonctionnement réel. Je suis désormais ici et je fais partie de ce territoire. Longueuil. J'y ai ancré mon âme pour l'instant. Un bateau jette son ancre quand il arrive à bon port, même s'il est certainement plus heureux quand il vogue à travers les océans. On partira peut-être un jour à travers la planète, pour d'autres expériences, d'autres découvertes. Mais en attendant, nous sommes ici et on finira par s'adapter.

Épilogue

On nous appelle pudiquement « minorité visible ». À cause de notre différence de traits. Parce que dans les sociétés occidentales la norme, ce sont les traits caucasiens. La Traite négrière qui a duré plus de quatre cents ans et qui a conduit plusieurs noirs d'Afrique sur les territoires occidentaux n'a pour autant pas permis de considérer les noirs en particulier, comme faisant partie intégrante de ces sociétés à l'instar des autres peuples qui se sont déplacés de différentes manières et se sont installés sur ces territoires. Il y a l'exception des États-Unis d'Amérique, mais la situation délicate des Afro-américains induit de relativiser et de ne point crier victoire trop vite. La raison de ce manque d'intégration des noirs dans les sociétés dont ils font partie depuis très longtemps ? La couleur noire de leur peau et l'histoire douloureuse qui y est liée : un corpus tenace de perceptions et de préjugés dont ne se départiront les sociétés occidentales, qu'en faisant un vrai travail de fond pour éduquer et transformer les mentalités. Il y va également de la responsabilité des noirs eux-mêmes vis-à-vis de leur histoire, des défis qu'impose cette responsabilité en termes de changement de paradigmes et d'adaptation. Des défis d'éducation et de pédagogie, ciblées.

Ce que j'ai connu ici ce n'est pas du tout le rejet, encore moins le sentiment de crainte constante comme on peut en trouver aux États-Unis, et je trouve la société québécoise particulièrement positive et tolérante. Il y a des cas isolés de racisme et d'intolérance, mais ce n'est pas la règle générale. C'est le fonctionnement du système qu'il faut corriger. Ces profonds rouages qui ferment la porte de l'ascenseur social aux personnes racisées, sauf pour le respect de rares quotas. Tout l'Occident en souffre.

Ce qu'on peut observer parfois ici, c'est une forme de condescendance qui peut facilement être d'une certaine indélicatesse. Des questions empreintes de préjugés et d'ignorance comme «*aviez-vous un micro-onde chez vous en Afrique ?*», la décision automatique sur votre nationalité, exemple : si vous êtes noir alors vous êtes Haïtien et si vous dites que vous venez d'Afrique alors vous êtes Congolais. Ou encore cette impression de passer pour une sorte de «bon noir» lorsque l'on n'a pas certains réflexes qu'on attribue au noir comme *manger épicé*, lorsqu'on a certains comportements ou qu'on se retrouve à certains endroits où d'ordinaire les noirs ne vont pas. Par exemple ce jour où j'arrive dans un restaurant végétalien et qu'à l'accueil on me dit d'emblée et à moi seul «*Monsieur ici nous ne cuisinons pas de viande*». Question à laquelle j'ai répondu «*J'espère bien que vous n'en cuisinez pas justement*». Ou encore ce jour où j'avais oublié mes écouteurs en allant à mon travail d'entretien ménager, et que, pensant qu'il n'y avait plus personne, je passais la serpillière en écoutant de l'opéra (*La Traviata de Giuseppe Verdi*); ce monsieur qui sort de son bureau et me surprend et qui me dit avec franchise, qu'il ne s'attendait pas à voir un noir écouter ce genre de musique et qui me demanda si j'étais musicien.

Personnellement ces situations m'ont fait sourire, parce que je considère que je ne suis pas ce que je suis parce que je suis noir. Sous ma peau il y a une vie, un cerveau, un esprit et une âme qui n'ont pas de couleur.

J'accuse l'esclavage et l'exploitation des noirs et de l'Afrique depuis bien trop longtemps d'être la source de ces ignorances méprisantes, pour avoir inculqué de façon tenace, cette manière de regarder le noir de haut. Dans les médias, les films et les séries télé, le discours anti-noir est récurrent. L'impérialisme, avec l'appui de nos dirigeants dont la concupiscence et la corruption n'ont nulle égale, abreuve les ondes de discours biaisés qui n'ont pour seul but que de maintenir l'Afrique et les noirs dans un format propice à l'exploitation. Personne ne s'émeut des actes répréhensibles posés par les États riches du monde pour maintenir tout un continent dans une dépendance sans fin, une pauvreté sans nom. Et lorsque pour éviter ces situations, nous quittons nos pays pour migrer ailleurs, les barrières sont là, infranchissables.

Depuis des années maintenant, de nombreux Africains fuient la misère au péril de leurs vies, entassés comme du bétail dans des bateaux de fortune. On investit des budgets pour les combattre en mer et les dissuader de continuer leur exil. Mais personne ne dit simplement qu'il faut arrêter d'exploiter l'Afrique (AREVA, BOLLORÉ et compagnie). Les raisons de la géopolitique surpassent toute forme d'humanisme, dans les États impérialistes, ces monstres froids qui regardent plus aux marges bénéficiaires des exploitations de matières premières, que du côté de l'équité et de la justice.

Pire, des constructions fausses de l'histoire du monde ont relégué l'homme noir à la poubelle de l'humanité, lui refusant toute contribution utile et l'excluant de la marche du monde. Des hiérarchies maladroites sont faites des civilisations, faisant considérer les valeurs culturelles de l'homme noir comme barbares ou au mieux, exotiques, c'est-à-dire juste bons pour la distraction.

Dans ces états de fait, notre responsabilité n'est pas du tout négligeable. La médiocrité incurable de nos élites qui se refusent à instruire et à agir ; le manque patent de solidarité entre les noirs, fruit de divisions infondées induites par la colonisation, mais que pour de funestes raisons nous répliquons jusqu'à ce jour. Nous sommes nous-mêmes les premiers à refuser notre histoire et nos traditions, sous le prétexte fallacieux des enseignements religieux, nous avons renié notre identité et nous nous acharnons à en adopter une qui ne nous correspond pas, qui d'ailleurs nous a été imposée par la colonisation, quand bien même ces éléments qui fondent la culture et les valeurs auxquelles nous nous accrochons ont été rejetés par ceux qui nous les ont inculqués.

N'être rien parce que perdus dans ce que nous sommes, un conflit d'identités impossible à résorber du seul fait du brouillard de nos éducations, incapables d'être authentiques, et victimes inévitables de préjugés entretenus par l'ignorance de part et d'autre. Les mouvements migratoires causent cette lutte interne entre ce que nous sommes et ce que nous devons être, à la fois correspondre à soi et correspondre à la société qui nous accueille et qui craint de se voir changée. Que dire de cette terrible théorie du « Grand Remplacement » que nous devons à Renaud Camus et qui alimente le rejet de pauvres populations musulmanes qui nécessairement ne veulent qu'être ce qu'ils sont depuis tant d'années ? Vivre dans une situation pareille est un ferment pour l'aigreur et la victimisation ; la première suscitant des réactions violentes parfois injustifiées, la seconde une soumission fataliste qui meurtrit l'esprit. Quels compromis faire pour être juste soi sans souffrir de ceci ou cela, vivre tranquille parce que la terre nous appartient à nous tous, que la fraternité humaine n'est pas une expression vaine, parce que le pouvoir ne doit pas servir la domination et l'exclusion, mais l'intérêt de tous ?

Dans mon pays j'ai connu l'exclusion, parce que le pouvoir préférait agir seulement pour quelques-uns. Dans mon périple migratoire, j'ai rêvé d'un espace où je pouvais être moi sans restriction. À l'âge où je suis arrivé sur le territoire du harfang des neiges, j'étais déjà pétri de ma culture et de mon éducation, de ma façon d'être, de ma façon de voir les choses. À la fréquentation des autres, je me suis heurté aux différences et j'ai essayé de faire avec tout en refusant de me renfermer sur ma personne par crainte du rejet et de l'exclusion. Lorsqu'il a fallu par exemple apprendre qu'avec « *me too* » il faut désormais faire attention à la moindre remarque, apprendre que dans une société égalitaire proposer son aide peut être mal perçu et ainsi de suite. L'avantage des sociétés occidentales c'est la liberté d'expression, l'égalité des chances plus vraie ici qu'ailleurs, le souci des plus vulnérables qui n'est pas seulement dans les discours publics. Ce n'est pas le paradis, l'eldorado, mais à la comparaison et à l'analyse des perspectives, l'Afrique est en queue du peloton.

Ce que je crois définitivement, c'est qu'on ne choisit pas de quitter sa terre natale si ce n'est pour une raison valable. Entre ce qu'on perd en partant et ce qu'on gagne en arrivant, l'équilibre est fragile, le gain ténu. Le choix du Québec s'est imposé à moi et je l'ai accepté et assumé. Aujourd'hui, à force de m'impliquer dans différentes initiatives communautaires, je me surprends à me considérer comme patriote bien avant l'heure. Je pense aux intérêts de ma ville et je prends part aux débats politiques, je contribue et je donne mon avis.

Peut-être un peu trop vite, mais ici je vis. Loin des miens, mais je vis.

Alors chaque jour compte.

Table des matières